給中學生的筆記整理術

一輩子都需要的
資料統整力
現在開始學習！

文—游嘉惠
漫畫—梓琿
協力指導—石美倫&臺大教學發展中心

給中學生的筆記整理術

目錄

企劃緣起

從十三歲開始，培養面向未來的關鍵能力！

文／親子天下董事長兼執行長　何琦瑜

寫給讀這本書的少年們：

打開這本書的你，可能每天被考不完的試、寫不完的功課，或總是背了又忘、忘了又要背的課本，霸占了多數的青春時光。也或許你看穿一切，根本已經放棄；或是你正在學校裡打混，想辦法在老師和父母所給的壓力夾縫中求生存。不論如何，偶爾在你發呆、打手遊、看Youtube的餘暇中，或是埋首功課煩悶的夜晚，一定曾經想過：這一切，所為何來啊？白話翻譯就是，我現在花這麼多時間做的事情、學的這些東西，到底以後，是可以幹嘛的呢？

如果你腦海裡曾經閃過這個「大哉問」，恭喜你，這代表你開始對自己的未來有所想像和期許！如果你試圖主動思考、想要安排規劃「你的人生」

（而不是你爸爸媽媽交代而勉強去做的喔），那麼這個系列「從十三歲開始」，就是為你準備的。

學校沒有教，卻更重要的事

你對自己的未來有什麼夢想和期許？想當畫家或歌手？銀行家或老師？或是你根本沒想那麼遠，只想變瘦一點讓自己更有自信，或是想要多交朋友讓自己更快樂；也許你希望英文變好一點可以環遊世界，或是可以更有效率的通過考試念到好高中或大學……，不論那個「未來」是遠是近，是什麼樣的圖像，只要你想要「改變」什麼，「完成」什麼，你就已經開始學習，為自己的人生掌舵。就像開飛機或開車，你得要先經過駕訓班，裝備一些開車開飛機的基本概念、操作技術和能力認證，才能上路；「掌舵」你自己的未來，也需要裝備一些「關鍵能力」，能夠幫你更快實現夢想、達成目標、真正負起責任，並取得別人的授權與信任。

這些必須裝備的「關鍵能力」包含：

●認識自己的長處和優勢、懂得為自己設定方向的目標力
●計畫、改善、行動的執行力
●獨立思考、解讀判斷的思辨力
●用文字和口語，論情說理、表述清晰的溝通力
●與他人相處、合作、交往的人際力

【十三歲就開始】是陸續往這些關鍵能力發展成書的系列。書裡面沒有「老人的教訓」，而是幫助你上路的「使用說明」。因為我相信，開始讀這本書的你，一定是個極有主見，而且時時想要讓自己更好的讀者。你聽的嘮叨夠多了，我們不必多加贅言。所以，我們替你綜整各方各派有用的方法和工具，深入了解這個年紀開始碰到的「痛點」，提供具體的「行動方案」。書裡各式各樣發生在生活裡的難題和故事，也幫助你提前想一想：如果換做我是主角，面對同樣的兩難，我會怎麼做？

這個系列中各書的主題，都是你馬上用得到，生活裡就能馬上練習的能

力。有時間和心力的話，你可以照表操課，不斷演練改進。若沒有餘裕，也可以讀一讀書，找到一、兩個適用的工具或提醒，謹記在心，潛移默化的向目標前進。

有些大人認為，少年人都沒有韌性和毅力。我不相信這個說法，相信你也不會服氣。【十三歲就開始】這個系列，就是希望能陪伴有志氣的你，務實做好面對世界、面對未來的準備。讓你有信心的說：「相信我，我做得到！Yes I can！」

專家推薦

學習做一份屬於自己的筆記！

文／臺大教學發展中心教授　石美倫

每個人，都應該做筆記，這一點你可能知道。

每個人，都應該學做好筆記，這一點你可能不知道。

當學生的你，課堂上老師講授課程內容時，你需要趕快做筆記。但走出教室之外，為什麼我們還要做筆記呢？這是因為做筆記不但是一項重要的學習技巧，更是我們每個人都該養成的生活習慣。我們不但要做筆記，更要學習如何做好筆記，這樣才能讓筆記的功效發揮到最大。

筆記無所不在，課堂筆記只是你熟悉的場景之一。在學校或以後工作上所參與的大大小小會議，你需要會議筆記來記錄決議和過程。有大量或重要資料需要閱讀時，閱讀筆記可以幫助你提高閱讀效果和內容理解力。面對每天從各種媒體和社群網路得來的各方訊息，不妨用隨手筆記記下來吧。

追根究柢，做筆記有兩項重要功能，第一是讓我們「不會忘記」。因此請務必把重要的事情記下來，避免我們一不小心就因為其他旁枝末節而忘記了最重要的事。第二是讓我們對於重要的內容「想得起來」。所以請一定要在筆記中留下足夠線索，像是次要重點或做筆記時的情境，這樣我們才能在過了好一陣子之後，仍然回想得起來當初做筆記的原因和資訊背景。

做筆記是一件相當個人的事，筆記中記的是自己覺得有需要，而且將來可能會用上的資訊。也因此，自己寫給自己的筆記才是最有用的，唯有依照自己的需要、用自己的文字、自己思考後寫下來的東西，才是對自己而言最好的筆記。不過，筆記技巧卻可以相互學習。建議你有時候也可以參考一下同學的筆記看看哪裡做得好、哪裡做得不好，甚至學習一些速記或分類的方法，將學到的東西用在自己下次的筆記上，你的筆記就會越來越完整、更有重點、也更容易使用。

還有一個小提醒是，好筆記應該力求「完整」和「正確」，漂亮的筆記可不等於好筆記。所以同學們與其花時間在忙著把筆記寫得漂漂亮亮，還不如多花功夫先確保筆記裡包含了所有你想要、或需要記下來的資訊，然後再確認筆記內容的正確性，畢竟這是你日後複習或進行下一步決策時的重要依據，如果有錯誤可就麻煩大了。

現在，請開始做你自己的筆記吧！希望本書所分享的筆記觀念和技巧，可以幫助你做筆記的過程更加順利。也希望你真的可以從做筆記的經驗中，了解自己的學習狀況，也更加清楚自己未來的學習方向。

第1章 觀念篇

筆記整理，訓練解決問題的邏輯思考力

升上中學，學習的科目有了不少的變化，學校老師對於課程的要求好像也變得嚴格，同學們對於讀書這件事也有了更多的關注，考試成績好不好，無形中似乎也變成一種很難忽視的考驗。

然而，對你而言，讀書是一件什麼樣的事呢？

每天到學校去，課程一堂接著一堂，國文、歷史、英文、數學、生物、理化，甚至音樂、美術……在老師踏進教室後，就代表著各種知識與資訊像浪潮一樣，一波波迎面而來，你招架得住嗎？

回想小學的時候，你的學業成績如何？學過什麼樣的才藝嗎？曾經對什麼事產生過興趣呢？在學習這一件事情上，你的心情和感覺如何呢？

其實學習是有方法的，如果你能掌握到一些適合自己的小技巧，不論對讀書或學習任何一件新事物，都會有很大的幫助，也能加快你學會的速度。

關於學習，請先想想是否有以下的困擾？

☑**每天一直背，可是好多東西就是記不起來……**

- [x] **上課也聽了，回家也讀了，可是還是好多都不懂、不了解……**
- [x] **從早讀到晚，累得要死，考試還是考不好……**
- [x] **每個人一天都只有二十四小時，為什麼只有我的時間好像永遠不夠用……**
- [x] **反正我就是笨，怎麼學都學不會……**

如果你有這些困擾，請先別急著否定自己，給自己機會重新去認識「學習」這件事，也許你會發現以前飽受種種困擾和挫折的你，只是因為用錯了方法。

接下來，再請你依據每天的學校生活，回想以下的幾個問題：

☑ **你上課時專心聽講嗎？**

☑ **聽課的時候會做筆記嗎？**

☑ **你下課會和同學討論功課嗎？**

☑ **你每天回家除了寫作業之外，是否會溫習白天課堂裡教過的課程內容？**

☑ **你除了教科書以外，會閱讀其他書報雜誌嗎？**

如果這些答案都是肯定的，那麼恭喜你，你可能已經在無形之中掌握到一些學習方法，讓自己可以透過比較有效率、輕鬆的方式，學會新的課程內容。如果你對上述的幾種情形都很陌生，那也沒有關係，因為這本書就是要教你如何藉由做筆記，提升你對知識的記憶和理解力。

為什麼要做筆記？

在學習的過程中，有很大的一部分來自於知識與資訊的記憶力，也就是將過去學習的知識記住，而後加以運用。考試的過程，也往往正是在評鑑這個部分，看看你記住了多少、學會了多少。

那麼，我們先來了解一下什麼是記憶力。

要記住一件事情，通常可以大致區分成兩個階段，分別是短期記憶和長期記憶。也就是說，當你聽見一件事情、看見一件事情、感受到一件事情，在事件發生的當下，你的印象很清楚，甚至可以清楚的描述自己所聽、所見、所感受的細節；可是隨著時間過去，如果你沒有一再重複將所獲得的訊息加深印象，久而久之就會漸漸淡忘。

相反的，如果你把一件事在一定的時間內不斷重複去看、去聽、去感受，這些相關訊息就會被大腦存入長期記憶的區域，在大腦的細胞裡建立起關聯和組合，讓你能持續好幾天甚至好幾年的印象，而且只要一再複習，甚至可以永遠記得。

（眼到＋耳到＋手到）Ｘ心到＝印象深刻

上課時做筆記，不只耳朵聽老師解說，眼睛看老師抄寫在黑板上的板書，手上也會把看到的和聽到的抄寫在筆記上，加上課後仔細思考與整理，就能對學習內容有深刻印象。

當你在上課的過程中，除了認真的看，專心的聽，同時用手記錄，身體自然也會幫你記住不少事情。看過一眼的東西，抄過一遍時已是加深一次印象，當你再次看到自己所抄的內容，則又再加深一次印象，這對複習來說非常有效率，因為你無須憑空去回想白天老師上課說了什麼，只要翻看筆記就可以提供你許多線索，幫助你更輕易回想出老師所說的重點，對於課程能夠更精準的記憶。

筆記除了讓我們記住重點外，也提供了進一步深入思考的機會，讓學習的內容與自己產生更緊密的連結，甚至從中獲得新的啟發和興趣，刺激新的學習動機，也更樂意學習。

做筆記的流程

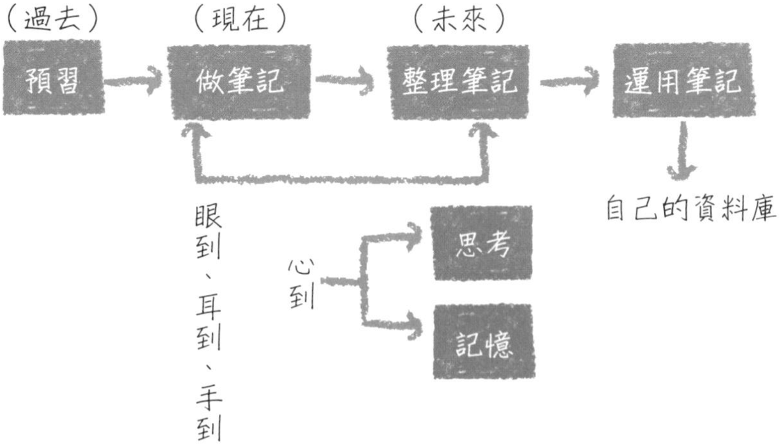

假使你已經知道做筆記可以成為你的好幫手，你應該持續下去，讓它成為你事半功倍的學習工具；如果你還不知道，那請你把握本書裡提供的各種小技巧，趕緊把做筆記的工夫變成自己的重要武器吧！

學會做筆記有什麼好處？

筆記過程最大的價值，就在於透過重複確認和推演，一再的整理思緒，加深記憶。

認真做筆記，至少有以下好處：

◆筆記過程中練習思考，掌握精簡文意的能力。

◆學會找重點。

◆透過（眼到＋耳到＋手到）X心到的過程強化記憶力。

◆學會架構文章，提升書寫和企劃的能力。

◆上課更專心，要抄好筆記，你沒有空打瞌睡。

◆留下一份完整的筆記資料。

事實上學會做筆記的方法，就是學會思考的方法，除了能夠獲得「資訊輸入」的技巧，也能得到「資訊輸出」的訣竅。記住的資訊越多，腦袋裡的資料庫越充實，能夠運用的知識越多，相對的，處事應變的能力也越高，未來在很多地方都能夠派上用場。

讓筆記術成為自己的忠實夥伴

好的筆記流程是含括過去、現在與未來的，而且所有的筆記只有在與自己建立連結的時候，才能發揮作用。

- **收集過去**：透過預習和回溯，使得過去所學成為新知識的基礎，幫助你預先掌握方向。
- **記錄現在**：上課時專心聽講，認真做筆記，掌握老師所提供的各種線索，幫助你確認重點。
- **規劃未來**：再次複習筆記內容，並且進一步思考、推衍，將知識真正內化成自己所需的材料，轉變成不容易忘記的長期記憶。

一本有用的好筆記，最好能夠：

◆**自己寫**。

◆**用自己的話寫**。

◆**運用自己喜歡的工具和形式**。

◆**選擇沒有壓力的記錄方法，才能養成持續記錄的習慣**。

◆**事後一定要整理，才能去蕪存菁，只保留自己需要的**。

當你一再把各種體驗變成自己的東西，長久累積下來，將會有很豐富的資料庫供你隨時運用。只要真誠的面對筆記，仔細且明確的記錄，筆記就會忠實的回應需求。日後重新回顧筆記時，最大的一個收穫就是：你會看見那個過去很努力的自己，至今仍在支持著你，給予你資源和自信。

將筆記術運用到生活之中

除了上課筆記之外，筆記術還可以運用到生活的各種層面，舉凡累積、收集、歸納各種資訊吸收與整理，都可以運用筆記來厚實個人經驗資料庫。除此之外，筆記術也能增強目標導向的行為，發揮很好的助力。

也就是說，當你有了目標，你就可以運用每一天的筆記來幫助自己一步一步的往目標邁進，終有一天能夠順利抵達終點。

以下簡單列出幾項可以運用筆記術來達成的目標：

1 考前複習

段考的時間往往很早就規劃出來了，假使等到最後一週才來準備，那麼多科目，想必很容易手忙腳亂、不知道該從何讀起。

所以，以考試的那一天開始往回推，在行事曆上寫下倒數天數，你就可以提醒自己什麼時候要整理好各科的學習內容筆記，什麼時候至少要讀完一次，什麼時候全部完成總複習。

把完成的進度記錄下來，也可以清楚看出還有哪些科目內容還沒複習，在時間上的安排就要先預留時間了。

2 想要進步或持續的行為

比方說，你想要增進投籃的準確度，練習無疑是最好的方式。因此每天放學以後罰球線練投，要投進三十球才算完成。

當日目標完成時，可以在筆記上打個勾或畫個小圖激勵自己，並且括號寫上練投的總球數。一旦投球的總球數越來越接近三十球，就表示準投率越來越高了。

3 積少成多的目標

諸如儲蓄或是收集等，這類目標同樣適合運用筆記來幫助自己掌握進度，將大目標簡化為較小的目標，達成目標時給自己一點小獎勵，鼓勵自己持續下去，成效會更好。

4 行程規劃的目標

有時候，旅行的時間並不多，想看想玩的事太多，能夠事先規劃好行程，先去最想去的地方，先去體驗非玩不可的項目，達成了不虛此行首要目的之後，其他的體驗就算是額外的收穫了。

把旅行中需要的地圖、交通、時刻表等等資訊都事先整裡在筆記裡，不只沿途可以隨時翻閱，萬一遇上突發狀況，也不至於太慌亂。旅程中收集到的票根、有趣的DM等等，也可以順手夾入筆記本中，等到旅程結束，這些都是很好的回味素材。如果想寫旅遊心得或遊記，這本筆記也可以協助你掌握更多線索，彷彿親臨其境。

中學是學會做筆記的最佳時機

中學階段雖然課業繁忙，但卻是處在一個完整的學習系統底下，不論是哪一門課程，老師都會依照教科書的規劃，協助你去認識、理解、記憶所需的相關知識。

而且中學課程一堂課講述的主題不會太多，老師上課的速度不會太快，抄寫板書時也大多會停下來等大家跟上，如果在課堂上提出任何疑問，老師也很樂意再次講解一次。更重要的是，大部分的老師都會直接告訴你「這個很重要，一定要記住」。所以，從一次、兩次的練習過程，久而久之你便學會抓重點的能力，了解如何在龐大的資訊量中，把真正重要的事記下來。

在這本書裡，我們希望幫助你解決在做筆記的過程中遭遇到的各種難題，同時提供你一些原則與技巧，讓你更輕鬆完成課程筆記，同時學會閱讀筆記、會議記錄等技巧。筆記術是一項好用的工具，一旦你尋找到最適合自己的方法，你將一輩子受用。

- 學習是有方法的，只要尋找到適合自己的方法，就能事半功倍。
- 課程中有很大一部分需要記憶，做筆記可以幫助強化記憶力，增進學習效益。
- 中學學校課程有其架構和進度，是最適合練習做筆記的時機。
- 學會筆記術，可以運用到生活中的各種層面，成為最值得信賴的好工具。

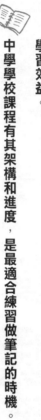

使用本書的方法：

本書特別列出中學生在抄寫筆記時，最容易遇到的八大痛點，提供簡單、可行的解決方案。每個痛點的解說都包含了：

每一則痛點會先以漫畫故事開場，讓漫畫人物先帶領你找出筆記整理的問題點。

漫畫故事之後，先想一想故事中的問題，你了解嗎？會怎麼做？

透過測試，了解自己的問題，以及如何應用到筆記整理上。

進一步解說痛點形成的原因，找出真正問題所在。

使用本書時，你可以按照順序，從第一單元進行到第八單元，如果你很清楚自己的問題點，也可以直接從你覺得有幫助的問題點，開始研讀。

問題的解決方案，提供筆記整理的好方案和工具，讓你運用在實際的生活中。

條列出章節重點，你可以重溫概念，也能更加清楚要改善的重點。

每個單元都提供了延展練習，讓你更深入練習筆記整理的技巧。

最後一個單元是情境習作，這是一個綜合性的練習遊戲。透過情境設定，請你運用前面學到的行動方案來執行，看你的應用指數有多高？

漫畫人物介紹

接下來的每一個單元，都會由這幾位可愛的漫畫人物帶領你找出筆記整理的問題點。他們每個人都有一些抄寫或是筆記運用上的毛病，找找看誰的問題點跟你最相近，跟著他們一起解決這些惱人的小麻煩吧！

國一男生，打擊天才，但是功課跟生活習慣都亂七八糟，經常讓大家很頭痛，但父母並不希望他打棒球，對他的功課要求很嚴格。

國二男生，越光國中棒球隊的王牌投手，從來不做筆記，但功課卻很好，是一個很酷又神祕的學長。

國二女生，越光國中棒球隊的經理，人長得漂亮、功課好，又寫了一手好字，可是恰北北，人人都怕她，搗蛋的學弟在她面前都只能乖乖服從。

凱倫

呂總的女兒。身材高䠷，長相清秀，正在讀大學，父女倆的長相差異很大，有種歹竹出好筍的感覺。

呂總

棒球隊教練，作風嚴厲，除了球技，更要求球員的品行與功課，但也非常愛護他們。球員們遇上難題時，一定會挺身而出。

薇薇

國一女生，可愛的球隊助理，愛慕少棋而加入球隊，上課非常用功，但是個性迷糊，經常忘東忘西，字跡又很潦草。

筆記精華

痛點 1

我的字跡很潦草，抄了筆記卻連自己也看不懂。

寫字潦草的人
不適合做筆記嗎？

最近學校盯球隊的功課盯得很緊，你看能不能找幾個人幫因為比賽缺課的隊員整理課堂筆記。
好的。
專注
特別是一年級的伯翰。
嗯……二年級我可以處理，一年級該找誰好呢？
哇
對不起——！

對不起，我遲到了！
喘
啊！
小心！
踢！
砰——!!
哇啊啊啊啊啊！
學姐，對不起。
真是的。
給你一個贖罪的機會。

後天球隊去比賽的時候，你要幫伯翰做筆記。
晴天
霹靂
我?!
我不能一起去嗎？我好想看比賽喔。
學校現在盯球員的功課盯得很緊，
我們得好好幫他們複習，尤其是一年級的伯翰，否則……
否則怎樣？
他搞不好會被退隊。所以後天上課你要特別專心喔，你可是球隊的救星啊！
啊?!
球隊救星!!
握

比賽完隔天……
這是昨天上課的筆記，你抄完後再還我。
你……你幫我做筆記……
啊?!
好多圖……
薇薇，這兩個字是什麼啊？
呃……應該是心情吧！
我幫你解讀吧，這根本是摩斯密碼。
摩斯密碼？
我看看。
拿
薇薇，你寫這什麼天書啊?!
哇哇……

你的字跡和薇薇一樣潦草嗎？

漫畫中，薇薇因為被賦予「球隊救星」的重責大任，硬著頭皮幫忙伯翰做筆記。然而她平時既沒有做筆記的習慣，加上字跡潦草，寫出來的課堂筆記當然變成大家看不懂的「天書」了。

你和薇薇一樣有相同的問題嗎？或者平時字體還算工整，可是一旦加快書寫的速度，字體就變得歪七扭八，每次看到自己寫下的筆記都覺得很難為情，久而久之變得不喜歡記筆記？

難道要寫出好筆記，字體一定非得寫得漂亮端正不可，對字跡潦草的人來說，有沒有什麼好方法，可以幫助自己抄寫出清楚易懂的筆記呢？

CHECK

你做筆記的功力如何？

拿出你的筆記本，跟同學交換閱讀看看，你們做筆記的功力如何？

- □ 寫得密密麻麻，前後段文字擠在一起，不容易閱讀。
- □ 無法一下子辨認出自己寫了什麼。
- □ 從筆記中抓不出老師上課時的重點。
- □ 想找某段內容，卻沒辦法很快找到在筆記裡的所在位置。
- □ 總是到考試前才拿出筆記複習。
- □ 覺得做筆記不重要，上課認真聽就夠了。
- □ 自己的筆記做得不夠好，經常仰賴同學的筆記。

以上七個狀況，如果你的答案中，「是」的情況占了三個以上，代表你對於做筆記的觀念還有待加強，需要平時多加練習，藉由筆記幫助自己節省複習時間，增加讀書效率喔！

怎麼樣算是一本好筆記？

真的是字跡潦草造成的問題嗎？試著以自己或同學的經驗回想看看，下面兩種筆記書寫方式，哪一種比較不容易閱讀？

- ◆**字跡潦草，但大致上看得懂，段落及主題間留有適度的空白，旁邊還用不同顏色的筆標明重點。**
- ◆**字體工整，但筆記上寫得密密麻麻，也沒有區分段落，雖然可以看出記錄的內容，卻很難找到重點。**

發現了嗎？其實字體工整並非是一本好筆記的關鍵；相反的，即字體寫得端正，但如果不懂得分隔主題或是組織重點的話，依然是一本不容易閱讀的筆記。

一本好的筆記，在於當你翻閱的時候，能不能快速且明確的找到資料所在位置，而且能夠清楚看出資訊重點。

通常會造成筆記不容易閱讀的原因有：

- **◆密密麻麻，字跡不易辨識。**
- **◆沒頭沒尾，不知道哪裡是開始，哪裡是結束。**
- **◆有的重點缺漏沒記到，或是記錄得太簡略而看不懂。**

所以，看不看得懂，是一本好筆記的第一要素。假使連自己都看不懂自己寫什麼，那就失去做筆記的意義。與其要抄自己都看不懂、不想看的筆記，那還不如把全部的注意力拿來專心聽講更有效益。

「做筆記」的目的，是要幫助自己記憶該記憶的事情，把老師上課的重點記下來，以便日後複習的時候快速抓住重點，加深印象，縮短考前複習的時間，增進讀書效率。也就是說，我們的目標是整理出一本好讀好用的筆記，才能夠讓我們在讀書和學習上得到助力。

三原則，讓你的筆記清晰易懂

那麼，我們該怎麼解決這三大問題，好讓我們完成一本對自己有用的筆記？而又是什麼樣的筆記容易閱讀，甚至讓人樂於一再翻閱呢？

1 適當留白

不管你使用什麼樣的筆記本，請記住一件事，不要因為害怕浪費筆記本，而把筆記內容抄得一點空隙也沒有。最好在筆記頁面上事先分區，上課記錄的筆記只占筆記本三分之二的空間，保留三分之一的空白。這麼做的好處在於：

◆閱讀起來比較舒適
◆隨時可以補充和延伸

有時候，課程內容較多或老師講解得比較快的時候，倘若來不及抄寫，可以先把沒抄完的空間預留下來，這樣下課後或回家複習時，就可以趕快將缺漏的地方補上。如果每一頁都寫得密密麻麻，就看不出自己哪裡抄了，哪裡沒抄，甚至可能忽略缺漏的內容。

再來，當整理和重讀筆記時，可能會查找到相關的資料補充、很棒的圖表說明，或臨時有什麼吉光片羽的想法，假使沒有預留空間，就沒有地方可寫，就算另外抄到別的地方去，這些線索也無法和學習的內容整合在一起，未來重讀和複習的時候，也可能會忘記或根本找不到了。

最後，如果在筆記上保留空間，也會讓人想要填滿、補充和整理。所以，不要怕浪費筆記本的頁數，盡量大膽的留白，只要一進入新的主題內容，就空一行或兩行再繼續往下寫。

2 區分段落

分段書寫，是課程筆記中一個很值得運用的方法。通常在一堂課裡，老師不見得只會講述一件事，而是會把一個主題區分成好幾個次主題、小主題，再逐一講解。所以，一旦在筆記的過程中，依照老師的結構，每次開始一個新主題的時候就另起新段，不管是空一行或是首行縮寫，都可以清楚辨識段落的位置。

另外，原本一大段的課文，老師上課時可能會歸納出幾個要點，這時可以運用條列式的筆記形式，也可以把內容切割成數個小塊，這樣之後複習起來便會輕鬆許多。

分段書寫有助於聯結每一段內容與內容間的關聯與重要性，在整理的過程中，搭配上課聽講時留下的印象，會更輕易的掌握課程重點。當我們可以尋找出每個段落適合的標題，那就表示已經掌握到段落中最重要的部分。

康乃爾筆記法（Cornell Method）
是一種善用留白和分區概念的筆記技巧，
它將筆記本的空間區分成三個部分：

A　關鍵字

這個區塊可以是課程預習時，預先寫下來的主題關鍵字，也可以是整理和複習時抓出的重點。當整學期的課程結束時，透過這個區塊的檢索，不只可以看出整個課程的結構邏輯，還能快速掌握重點。

B　筆記

這個區塊是筆記本中最大的一個區塊，記錄上課過程中所看、所聽，甚至所想的所有細節。當然，即使是這個區塊的書寫，也建議運用分段或條列的方法，保留出適當的空間，以便可以在整理時，針對單一內容的重點進一步補充或標示。

C　總整理

位於筆記的最下方，在整個段落的筆記整理完畢之後，在這裡留下分析、心得或想法。抄寫者是將筆記與這門課程連結起來的關鍵，這些在學習過程中產生的疑問、好奇、感想等，都將會產生獨特的意義。當我們記錄下這些訊息，這些線索將導引出後續的行動。比方說，哪個部分是想要再深入探究的？哪些方向是一直捉摸不清、需要再加強學習？或者，哪些部分特別容易犯錯？這些都可以記錄在總整理區，提醒自己去蕪存菁，精益求精。

3 整齊抄寫

很多人會覺得自己的字寫得不好看，抄得像鬼畫符，連自己都看不懂，因此覺得很困擾。可是我們前面就說過，字寫得漂不漂亮不是重點，重點在於能不能快速辨識所寫的內容。

所以，如果字跡真的不好看，而為了追上老師說話的速度，筆記難免抄寫得很潦草，不妨運用以下技巧，盡量保持版面整齊，容易閱讀。

- **一個字、一個字寫清楚，不管是文字或符號要能一看就明白。**
- **運用方格筆記本或橫線上畫記有等距黑點的筆記本，確保每個字有一定的空間，閱讀起來更清晰。**
- **將一大段內容轉換成條列式、圖表或流程，運用圖像畫記，將內容轉化成更清楚易懂的格式。**

◆整理筆記的時候，一發現自己看不懂或不確定的內容時，一定要趁印象還深刻的時候更正，確保筆記的正確性。

◆利用不同顏色的筆來整理筆記、標記重點，使得筆記內容更加一目了然。

若能掌握了以上三大原則，就可以將筆記用簡略的文字和圖畫整理出課程裡大概的內容，同時還標示出重點，強調老師的提醒，甚至補充了原本課本上沒有的延伸內容。這樣的筆記不只變得清楚易讀，同時很多重點已經在腦中留下深刻的印象。

- 筆記是為自己而做，不是為他人而做。閱讀的對象是自己。
- 運用自己看得懂、看得清楚的方式筆記，是最適合自己的筆記術。
- 字寫得不好看沒關係，把每個字寫清楚才重要。
- 運用分區的方式記錄，適當的留白，方便隨時抓重點和課後補充。

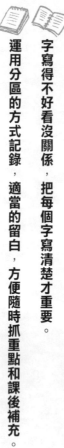

延展練習

1

與同學交換筆記，看看你的筆記是否清楚易讀？

2

說說看你覺得自己的筆記和同學的有什麼不同。

3

檢視自己與同學的筆記優點，嘗試學會一、兩項做筆記的技巧運用在下次的筆記上。

筆記
精華

痛點 2

老師上課講太快，經常漏抄很多筆記。

要把老師說的一字不漏抄下來才是好筆記嗎？

球員休息室
雖然現在已經接近四強賽，但球要練，功課也要顧。
最近學校跟你們爸媽盯功課盯得很緊。
我也不希望大家認為球員只會打球，不會念書。
所以要是有人功課退步的話……
先發的就去給我坐板凳，板凳的就給我直接退隊！
什麼！

——教練都這麼說了，之後練習結束後，
大家要留下來複習。薇薇，你和伯翰同班，彼此要互相照應。
上午歷史課
世界四大文明起源
B.C. 7000年–5000年
兩河流域
尼羅河
印度河
恆河流域
長江流
Z
ZZZz
認真

有間豆花
練習結束後
伯翰，你的歷史筆記可以借我抄嗎？
當然可以。
歷史
……
李伯翰，你有做歷史筆記嗎？根本都在畫圖啊！
吼
吼
我看看。
哇，真的都是塗鴉。
我——
哈
哈
歷史
老師說話的速度就像少棋投的速球一樣，根本來不及反應。
薇薇，你的筆記也讓我看一下。

比上次進步多了呢，也整齊多了。
那當然。
歷史
不過……
嗯？
這些小方格是什麼？
呃……
是我來不及抄的部分，歷史老師真的講太快了啦。
你看，我沒亂說吧！

THINK

漏抄筆記的時候該怎麼辦呢？

漫畫中伯翰和薇薇的情景是不是讓你覺得很熟悉呢？上課抄筆記已經夠緊張了，要是再碰到老師講課太快，真的很容易發生來不及記錄的情形。

在解決這個問題前，我們先來做個小實驗：

請一個好朋友隨便翻出一本書，計時五分鐘，請他用平常說話的速度讀出書中的內容，由你來聽寫。五分鐘過後，對照你所寫的和他所讀的，查看兩者之間有多少差異。

是不是很難在同樣的時間內，將說話者說的內容完整記錄下來呢？

為什麼做筆記時，總是跟不上老師的速度呢？

一堂課五十分鐘下來，雖然努力做了筆記，盡其可能的抄寫，把老師講課的內容都抄下來，可是下課時回頭翻閱，卻還是覺得自己抄得零零落落。就像故事裡伯翰和薇薇抱怨的，都是「老師講太快了啦！」事實上，他們的抱怨並沒有錯，人類說話的速度確實比寫字的速度快上許多。

一般人平均每分鐘說話的速度一百六十個字到兩百個字是能聽清楚的語速，可是，一分鐘若是能寫上六十個字，就算是寫得很快了。由此可見，書寫的速度是遠遠比不上說話的速度。

通常漏抄筆記的原因大抵有以下兩種：

☑ **抄太慢**：這可能是因為寫字的速度過慢，或是在抄寫筆記的時候，並不是一邊聽、一邊記，等聽完一個段落想要回頭去抄寫前面的板書內容時，老師已經要進入下一個段落了。

☑ **不會抄**：意思是指你不知道要抄寫的重點，該抄的不抄，不該抄的抄一堆，當然寫不完。

如果對於課程內容完全沒概念，帶著一顆空白的腦袋到教室來，不只要花費更多力氣才能了解老師所說的內容，也不容易掌握重點，最後抄出來的筆記，就容易出現缺漏。萬一上課不專心，心有旁騖，等回過神來時，可能連老師在說什麼都聽不懂，筆記內容自然也跟著一片空白或不知所云了。

可是，做筆記並不是記逐字稿，或把老師所說的每句話、每個字都全數抄錄下來。想要跟上老師說話的速度，其實是有些技巧可以運用。

五訣竅，上課完整記錄不漏接

既然我們建議做筆記時盡可能記錄上課現場的各種線索，好在事後複習與回想時能夠以最快的速度重回現場，那麼筆記的完整性就變得非常重要。

那麼，要怎麼樣才能將筆記寫得又快又完整呢？

這裡提供大家幾個可以掌握的方向，希望能幫助你尋找到自己做筆記的節奏，做出一本完整又好用的筆記。

1 用自己的話記錄

先注意聽，再把老師所說的內容，用自己的話來記錄，在事後再閱讀筆記時，對於記錄內容的印象會較為深刻，而且，使用自己的話將聽講內容化繁為簡，加以濃縮之後，所需要書寫的文字量就可以減少許多了。

比方說：

簡報是為了向大家展示努力的成果，不管是一個人或小組報告，簡報時間的掌握都是一場簡報能否成功的關鍵。「有多少時間，說多少內容。」這是上臺報告最重要的原則。

這一段，可以簡單摘記為：

「不管幾個人上臺簡報，最重要的原則是「有多少時間，說多少內容。」

如此濃縮精簡，同樣的意思，卻能少寫很多文字。

2 事先預習

事先預習的好處不僅可以大略知道老師可能會說些什麼，同時還能預先由課本或相關教材之中，得知關鍵詞和主題句等線索，幫助在聽講的過程中掌握重點。

一般來說，書上的標題、粗體字、公式、插畫、照片、圖表、地圖等，都屬於重點說明，目的在於幫助我們更深入了解這個單元的內容，換言之，光是快速的瀏覽過一遍，就能夠透過視覺感受分辨出哪些是重要的內容。

先把這些關鍵的內容，簡單記錄在上課筆記裡（前面所提到的A區，見第45頁），上課時，只要老師說明到相關段落，或是把關鍵字詞寫在黑板上，就要特別注意聽，同時盡可能記下相關的內容。

3 練習再練習

雖然寫字的速度比不上說話的速度和思考的速度，但是卻可以運用一些小技巧的練習，逐漸加快書寫的速度。

◆將文字簡化

除了濃縮語句之外，一再出現的人名、專有名詞等，可以只寫第一個字或用一個符號來代替，就不用每一次出現都寫一遍。

例如：「去氧核醣核酸」就直接寫「DNA」，寫到數字的時候，使用阿拉伯數字1～0來記錄，比使用國字一、二、三、四……更容易書寫。

縮寫的好處是可以加快筆記的速度，但有一個前提，就是不要簡化到連自己都回想不起來到底是什麼的程度，那就失去筆記的意義了。

簡單來說，速記的目的是要幫助我們減輕抄寫時的負擔，但是簡化的幅度不能影響到事後複習閱讀，一定要在筆記上留下足夠的線索，幫助自己快速找到答案。

◆善用符號畫記

有些慣用、常用的符號，在熟悉後可以運用在筆記上。例如：「∵」和「∴」，這兩個在數學證明題上經常運用到的符號，就可以拿來取代「因為」、「所以」。符號比文字書寫簡單許多。

除此之外：

「↑」表示上升，「↓」表示下降或減少。

「→」則可表示發展方向或流程等等。

「1.」、「2.」來取代「第一點」、「第二點」或是「首先」、「其次」等序列性描述。

任何熟悉的符號都可以使用，幫助簡化筆記，但重點是得先記住那些符號的意思。

4 利用空檔時間

通常老師在講課的過程中，不管說話的速度有多快，也不至於整堂課的每一句話都是重點，有時候老師也會停下來舉例或是給大家提問的時間。

所以，真的來不及抄完的時候，可以先預留空間，打上一個大問號，然後趕緊跟上，等到老師講課的空檔再補齊。

切記不要一個人默默的埋首苦抄，適時舉手提問讓老師知道學習狀況，老師也才能更準確掌握大家的學習節奏。

5 下課立刻抓漏補強

百密總有一疏，就算很有自信的認為自己將上課需要記錄的內容全都抄寫在筆記裡了，也不妨利用下課時間跟同學交換筆記看看，假使發現缺漏的地方就立刻補上。如果彼此筆記的內容有出入，則要趕緊討論確認，將正確的內容更正上去。趁著聽課印象還很深刻的時候抓漏補強，會比回到家再來回想來得輕鬆容易。

寫得順最重要！

想要加快書寫速度，或是達到「眼到耳到心到，手就到」的境界，記錄過程一定要寫得很順手。工欲善其事，必先利其器，除了筆記技巧的不斷練習之外，選用適合自己的好工具也很重要。

雖然運用不同顏色的筆是幫助筆記內容清晰有條理的好方法，但如果時間有限，無法讓你在現場不停換筆書寫，最好就一支筆從頭寫到尾，之後再運用不同顏色筆來整理。再來，好用順手的書寫工具，對於書寫的順暢度也有很大的影響。一支好寫的筆，一本紙質滑順的筆記本，都有助於在書寫的過程中不卡關，一路通行。

每個人的感覺不一定一樣，適合你的不見得別人覺得好用，所以在選用文具的時候，什麼樣的品牌其實不重要，重要的是自己一定要親手試用，感覺順手，才能找到適合的筆記工具。

增進筆記效率的好工具

1 筆記工具

◆ **教科書**：老師上課時可能會有許多額外補充，但是授課的核心內容與重點絕不會超出教科書的範圍，所以，可以事先預習教科書，畫記出重點，或是作為確認筆記內容的參考依據。

◆ **筆**：準備一到兩支好寫的筆，以免在抄寫的過程中突然斷水。什麼品牌、什麼顏色都沒關係，好寫、寫得順手是唯一判斷原則。

◆ **紙**：紙和筆最好能相互配合，不刮紙，寫起來滑順、清晰的效果最好。筆記本的形式有很多，可以依照不同的課程需求，選擇恰當的筆記本。

❶ 空白筆記本：

紙上沒有任何線條符號，可以自由繪畫書寫，不受干擾。

❷ 橫線筆記本：

以等距橫線有效引導書寫和閱讀，最適合條列式或大量文字內容的筆記需求。

❸ 方格筆記本：

具有與橫線筆記本同樣的功能，因為紙上印有等距、大小相同的方格線，所以對於需要畫記圖表或正確對齊位置的筆記內容來說很方便。

❹ 活頁筆記本：

只要書寫的區域不足，隨時都可以插頁補充的筆記本，壞處是只要沒有確實整理，最後容易零散，特別需要及時歸納整理。

- **修正工具**：雖然保留筆記上的修正痕跡，也是閱讀和整理筆記時的重要線索，不過有些時候，塗改得太過頻繁就會造成干擾，可以適時利用橡皮擦、修正液、修正帶等修正工具。

2 整理工具

- **便條紙**：有時候預留的空間不足，可是還有其他的資料需要補充，這時候便條紙就可以派上用場。將相關的內容都保持在同一個頁面裡，是完整筆記的小技巧。
- **剪貼工具**：講義、剪報等書面的補充資料，利用剪貼工具，也可以適時把資料補充到筆記裡。

做筆記不是寫逐字稿，記下重點最重要。

練習用自己的話精簡上課內容，可以減少抄寫的文字量，並運用符號和圖像簡化書寫內容。

來不及抄寫時先留空，但是記得加上問號之類的記號，提醒自己盡快補上內容。

延展練習

1

選擇一門自己比較不拿手的課程。

2

上課前事先預習，把覺得重要和不懂的地方在旁邊畫記，同時用鉛筆將關鍵詞預先寫在筆記上。

3

上課時專心聽講，盡力做筆記。下課立刻翻閱課本，對照你認為的重點，跟老師課堂上所講的內容有多少交集？

4

回想看看，是不是因為事先預習過內容，在抄寫筆記時也變得容易許多？

筆記
精華

痛點 3
上課時抄的筆記，回家以後卻不知所云……
國文

抄完的筆記密密麻麻，
光看就昏了，該怎麼
抓出重點呢？

到底要怎麼做筆記啊？好難喔……
就是說啊，老師講話都講好快喔……
啊，有了！
宇晴學姐的比賽記錄每次都寫得很詳細，她的筆記一定也做得很好。
對耶！
那我們去問宇晴學姐怎麼做筆記吧。
嗯！

想看我的筆記？
沒錯！
嗯！
呵呵，不要太佩服我喔！
得意！
好厚！
呵呵。
嚇！
字寫得好漂亮喔！
也好寫得整齊喔！
國文
嗯？

竟然連國文老師這種無聊的冷笑話你都記啊？
當然啊，我跟捕手一樣，好球和壞球都不漏接。
是接得滿不錯的，但你傳球阻殺和配球可能會有問題。
啪
啪
你這是什麼意思？
不然你說一下這一課的重點是什麼？
啊……這個，等等，我看一下……

重點是……
這篇〈陋室銘〉是劉禹錫遭到貶謫時的創作，重點在於作者描繪陋室表達自己淡薄名利的情操。即使居於陋室也不改其志。
學長好帥喔！
捕手除了不漏接，更重要的是能綜觀場上全局的動靜。
繼續加油吧！
哼！

你也有抓不到重點的困擾嗎？

漫畫中，宇晴明明認真做了筆記，不僅字跡寫得端正，還鉅細靡遺的記錄了上課內容，就連老師講的冷笑話都不放過。然而到了關鍵時刻，她卻沒有辦法從密密麻麻的筆記本裡，立刻找到自己需要的資訊，回答少棋的問題。

打開你的筆記，你有辦法很快用一、兩句話告訴別人這一堂課的重點嗎？如果兩個禮拜以後，有人問你之前上課內容的問題，你能不能快速的從筆記當中找到相關的記錄？

如果你的答案都是否定的，那麼你可能需要改善抄寫筆記的技巧，或者從頭練習掌握重點的能力了。

為什麼找不到筆記裡的重點呢？

檢查宇晴做筆記的方式，會發現她只做到了筆記術的其中一個階段，也就是如實記錄課堂上發生的事，可是卻忘記安排方便自己查找的索引，所以複習時不容易搜尋，抓不到重點。

也就是說，雖然她已經把教科書的內容、老師上課在黑板上抄寫的板書、口述的講解，甚至提振同學精神用的笑話都詳細記錄下來了，卻完全看不出輕重緩急，也不明白內容之間的關聯。

假使你記憶力超強，能把這些大大小小的資訊全部記住，那當然很好，可是當你的時間有限，需要記住的事情也越來越多，就需要更有效率的記憶方法，藉此掌握課程內容中最重要的核心概念。

學習的目的是為了活用知識，並不是死記內容，筆記只是一項幫助你學習與記憶的工具，而不是學習的目的。所以我們做筆記時，不能只記完就結束了，還要進一步讓這本筆記幫助你把相關的知識內容組織架構起來，讓你一眼就可以從筆記看出整堂課之中最重要的部分。

做筆記是為了讓我們更有效率的學習，可以把一小時的課程濃縮成三十分鐘的筆記，日後花費更少的時間，就可以輕易再現課程的精華，掌握學習到的知識，進一步融會貫通。

三步驟，精準掌握課程重點

想要讓筆記一眼就能看出重點，在抄記和整理的過程中，可以運用以下幾個方法。

1 建立筆記規則：清楚標示出重點

◆ **分區法**：利用分區概念中的左側區塊也就是圖中的A區，將筆記內容中的重點，簡短獨立抄寫出來。

◆ **分色法**：使用不同顏色的筆來給予筆記

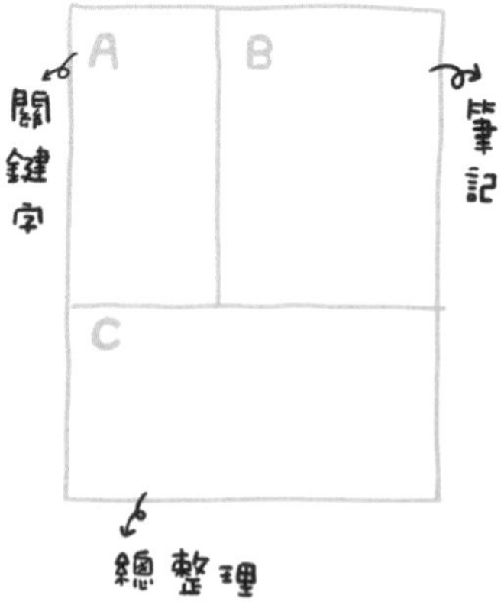

內容不同的意義，如此一來可以清楚看出筆記中的重點。譬如：黑筆是黑板上的板書，藍色筆則是老師口頭的說明，至於紅筆則是老師強調的重點。

◆ **圈出「最重點」** 不管是在課程中或是課後整理，只要是覺得重要的內容，可以利用螢光筆畫底線、或是標記括弧等特殊符號的方式先標示出來，等掌握了筆記中的各項重點之後，再把覺得最重要的部分圈起來，提醒自己一定要記住，這樣如果準備時間真的不夠，或是很難記住所有重點的時候，至少知道有哪些是非記住不可的內容。

畫重點的小技巧：讓你的筆記一目了然！

在整理筆記時，若能在重點處畫記，可以幫助自己日後複習更加順利，但畫重點的方式那麼多，該如何畫記才是最清楚的呢？以下幾種方式可以作為參考。

◆畫底線

雖然原住民大多以狩獵、採集和燒墾維生，但各族在自然環境、村落型態上有很大的差異，社會文化更是各有特色。以家族制度為例，可以分為母系、父系和雙系三類，母系社會行招贅婚，子女從母居，家業由女性繼承；父系社會行嫁娶婚，由男子繼承家業；雙系社會則不分男女，採長嗣繼承制。

◆在已畫線的範圍內再加畫一道底線，或是用螢光筆標示，強調出重點。

雖然原住民大多以狩獵、採集和燒墾維生，但各族在自然環境、村落型態上有很大的差異，社會文化更是各有特色。以家族制度為例，可以分為母系、父系和雙系三類，母系社會行招贅婚，子女從母居，家業由女性繼承；父系社會行嫁娶婚，由男子繼承家業；雙系社會則不分男女，採長嗣繼承制。

◆整段重要的內容可以加上上下引號標記出來

「雖然原住民大多以狩獵、採集和燒墾維生，但各族在自然環境、村落型態上有很大的差異，社會文化更是各有特色。以家族制度為例，可以分為母系、父系和雙系三類，母系社會行招贅婚，子女從母居，家業由女性繼承；父系社會行嫁娶婚，由男子繼承家業；雙系社會則不分男女，採長嗣繼承制。」

◆最重要的關鍵重點，用紅筆或螢光筆圈起來（通常只有一個）

雖然原住民大多以狩獵、採集和燒墾維生，但各族在自然環境、村落型態上有很大的差異，社會文化更是各有特色。以家族制度為例，可以分為母系、父系和雙系三類，母系社會行招贅婚，子女從母居，家業由女性繼承；父系社會行嫁娶婚，由男子繼承家業；雙系社會則不分男女，採長嗣繼承制。

如果標示的重點很多，代表你沒有找到正確的方向。通篇畫滿了重點，也等於沒有重點。所以，不管你喜歡運用哪些畫記和標示的方法，最好只運用幾種對自己來說最便利也最方便閱讀的方式就好。比方說，在一本筆記本裡最多使用三種顏色來區分，而且固定使用某一個顏色作為重點的標示，如此才不至於整本筆記眼花撩亂，反而看不出重點所在。

每一個小節的段落，最重要的重點往往只會有一個，通常需要經過閱讀、整理後才能歸納出來，那也是最重要一定要記住的核心要點。

2 學會找重點

然而，學會標示重點之前，還有一件極重要的事，就是要先學會怎麼找重點。

通常在一個完整的課程內容下，大主題會區分為很多的小主題，就好像一棵樹長出了大大小小的樹枝，樹枝與樹枝之間彼此都有關係，既可以將根部吸收的水輸向每一片樹葉，也可以將樹葉製造的養分，反向送回到樹幹。尋找重點的方式，就像從樹枝的末端一路追尋到樹幹底部一樣，是一種逐步歸納的過程。

首先，你必須學習化繁為簡的技巧。

以國文來說，每一篇課文之後，首先會有一段題解，告訴你這篇文章的主旨。如果你能夠在閱讀文章過後歸納出對文章的想法，用自己的話說出來，一定比直接死背更容易記住。

這裡提供幾點基本且簡單的方式，幫助你從上課內容中掌握重點。

◆ **尋找關鍵詞和主題句**：通常課本裡標示粗體字或是文章的開頭和結尾的幾句話，就是重要的關鍵字和可以總結整篇文章概念的主題句。

◆ **老師強調「重要」或重複說明的內容**：教學和學習其實是個雙向的過程，老師想告訴你的重點，往往就是你需要記住和理解的關鍵，所以，在筆記中把這些內容特別標註出來，提醒自己一定要仔細閱讀課本、想辦法與老師同學討論，直到弄懂為止。

◆ **想像自己是老師**：在整理和複習的過程中，想像自己如果是出題老師會出怎麼樣的題目，而答案是什麼，反向確認自己是否抓對重點。

◆ **把學習到的內容，用畫圖的方式表現出來**：在用這個方法前，必須先了解內容的大致樣貌，然後掌握了內容中的大小主題，才有辦法運用圖像的方式呈現出來。而透過呈現出來的圖像，可以輕易看出重點之間的關係，對於整體內容更有把握。

抄寫筆記和整理筆記，其實是一段直接面對學習內容，把學習內容內化成屬於自己知識的過程，筆記不但可以呈現出抄寫者的思索過程，更可以鍛鍊思考，日後對於類似的學習內容理解更加快速。

3 分析與比較：建立重點與重點間的關聯

參考教科書裡的大小標，或是自己替某一段內容總結出幾個字或一句話，然後添加在筆記上方，如此一來，光是瀏覽閱讀標題，就能快速掌握整個內容裡的關鍵主題。

由於教科書並不是小說，而是一種有組織、有結構的內容，所以，當設定好每個段落標題之後，一定能發現標題與標題之間，有著相互連結的關係。

有些主題是核心大主題之下的次要重點，有些則有因果或對比的關係等等。利用簡單的線條連結，或是固定運用某一個顏色的色筆區分出議題的層級，將更能掌握住重點。

例如：數學課程中，同樣是三角函數的單元，其中可能有好幾個不同的題型，當把類似的題型標記出來的時候，日後看到類似的出題形態，就很容易聯想到同類型的解題方法，即使不是很確定答案，至少也有一個初步的解題方向。

而歷史事件如果能夠從各個層面理解，更能清楚事件之間的相關性，譬如把相近年代發生的重大事件都補充在同一個頁面裡，更能清楚看見歷史上人、事、物所造成的相關影響，更有時空概念。

學習的內容越複雜，越需要學會抓重點的方法。

在筆記中讓重點內容清楚呈現出來，幫助記憶。

建立筆記中記錄的規則，就好像教科書的編排架構一樣，可以讓重點更清楚被看見。

抓重點是一種分析與歸納的過程，透過一再濃縮與精簡，找出學習內容中最重要的部分。

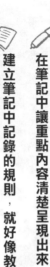

延展練習

1

從報章雜誌中挑選一篇有興趣的文章。

2

閱讀完畢後先寫下自己的感想與內容中最重要的三大重點。

3

再用自己的話，寫出一百字的內容簡介。

痛點 4

做了筆記以後該怎麼整理呢？

做好的筆記需要整理，
才能發揮它的效果喔！

為了即將到來的四強賽，棒球隊加緊練習的腳步。
可惡
三振！
伯翰到底在搞什麼鬼，都要四強賽了，還是這麼散漫！
根本只是在亂揮吧！
……

教練，要不要把伯翰從先發名單上換下來，他最近的打擊狀況不是很好。
……
我之前和他媽媽約法三章，要是成績沒起色就退出球隊，但他這陣子的考試成績還是不太理想。
……
他媽媽已經下了最後通牒，搞不好這次四強賽就是他最後一場比賽了。

啊……原來是這樣。
驚!!
可是，
我看他都很認真上課，筆記也越做越好啊。
認真
但伯翰考試的成績的確還是很慘烈……
慘——

而且學姐，
我怎麼覺得記筆記以後，考試還是準備得很吃力，甚至比以前還累……
你們該不會回家以後都沒有整理筆記吧?!
咦？
我上課時已經寫得很整齊了，還要整理嗎？
呃……

你有整理筆記的習慣嗎？

你是不是也和薇薇有同樣的疑惑，為什麼筆記沒有在考試時發揮效用，反而增加了學習負擔呢？

大多數人就像漫畫中的伯翰、薇薇一樣，以為抄了筆記就完工，其實就算勉強記下課程內容，卻因為沒有好好消化整理，直到考試前幾天拿出筆記複習，才發現這些內容已經變得很陌生。筆記幫不上忙，課本、講義全都要重頭讀起，當然準備起來比不抄筆記時還花時間。

其實只要在做完筆記後，多下一點整理的工夫，就可以幫助自己確實記憶上課內容，考試前準備起來也會變輕鬆喔！

為什麼筆記需要整理？

不同的學習方法，會有不同的學習效果。一般來說，如果用聽的，那麼吸收進去的百分比大約只有學習內容的10％。如果是讀到或看到，吸收率大概也只有20～30％，然而如果是又聽到又看到，那麼學習印象應該可以提升到50％，要是加上筆記的過程，印象就更加深刻了，大概可以記住70％以上，假使能再反覆練習，學習效果就會更好。

想要真正讓一本筆記發揮效用，內容一定要

學習方法	吸收成效
聽到	10%
看到、讀到	20～30%
聽到＋看到	50%
聽到＋看到＋手到（筆記）	70%
聽到＋看到＋手到＋心到（思考）	80%↑

經過整理。因為你的目的並不是只把筆記抄好，而是要真正的理解。整理筆記的過程就像是重溫課程的內容，並且針對筆記內容一一回應，加入各種補充，讓我們對於內容的掌握更加精確，也達到做筆記的目的。

如果上課筆記抄完就放著，等到考試前才拿出來看，對於課程的印象大多已變得模糊，老師當時說了些什麼也記不清楚，等於要再多花一倍的時間去複習，甚至有些缺漏和空白的地方，即使打了一個大問號，卻想不起來需要補充的是什麼，一切只好重新來過。

還有些人準備考試的方式是拚命練習解題，可是就算做了再多的習題，如果不曾試著理解為什麼會錯、為什麼不懂，那麼考試成績還是不會真正進步。因為缺少了心到，沒有動腦去思考，知識只是你的客人，拜訪一段時間之後就會離開了。

三妙方，讓你的筆記一目了然

除了課本和上課筆記之外，有時候一門科目還有可能多買好幾本參考書，甚至老師在課堂上也可能加發補充講義等等，那麼多內容、那麼多資料，到底該怎麼整理呢？

通常建議把資料濃縮整理在兩本以內，也就是只剩下課本和筆記本，或是參考書加筆記本，因為等到開始複習的時候，時間大多已經很緊迫了，如果還需要從許多資料中去尋找重點與重點的相關性，將會花很多力氣在來回比對上，也可能發生缺漏。所以，最好的方式就是盡量把需要的內容都整理在筆記裡，同時在課本上標註重點，考試之前只讀這兩本就好。

至於筆記應該要怎麼整理？什麼樣的筆記才能夠有效發揮作用呢？有一個很基本的原則就是，把所有相關的東西都放在同一個畫面裡。如果你整理的空間不夠，那就把大主題再區分出小的主題，然後另起新頁，繼續把相關內容補充進去。所以在一開始就要預留足夠的空間，假使筆記原本寫得密密麻麻的，就沒有地方可以補充了。關於整理筆記的步驟有以下幾項小技巧。

1 掌握整理訣竅

◆ 盡可能完整記錄

利用前面學習到的筆記技巧，盡可能完整記錄，下課時間也別急著放鬆，花幾分鐘瀏覽筆記，或者借同學的筆記來看，趁印象還很深刻的時候，把缺漏的內容補上。內容較多的細節，可以將課本中相關內容的所在頁數寫在筆記旁邊。

◆ **掌握時間快速整理**

對照教科書統整一遍，利用不同顏色的筆，將老師的補充、課本和參考書的延伸說明加進去，並且確實更正錯誤。

◆ **檢視疑問、尋找答案**

寫完作業後，如果對於課程內容有什麼想法或疑問，同樣也可以記錄在筆記上，不管是翻課本、問老師、跟同學討論，總之盡快找到答案。之後若想到什麼有關、重要的，也趕快補充進去。

◆ **標示出最重要的重點**

再次整理時，利用螢光筆確認重點，同時把歸納出來最重要的重點做上特殊記號。

◆ **考前複習**

若準備時間充裕可以搭配課本和筆記完整複習，假如時間不夠，至少要把標示出來的重點記住。

2 留下思考軌跡

上課抄寫筆記的過程很緊張，因為稍有疏忽可能就會聽漏了一段，然而我們上課時不可能都保持在最佳狀態，筆記有錯也是稀鬆平常的事。

不管是寫錯字、拼錯字、公式裡漏了個加號或減號等等，這些錯誤最好都能盡快在整理筆記的過程中更正，以免時間一久，連自己寫錯都沒有發現，最後反而在腦中記下錯誤的資訊。

但更正的時候，並不需要把錯誤的地方塗改到看不見痕跡，因為這些錯誤反而能夠提醒我們，趁早把錯誤印象改正過來。比方說，有一個英文單字每次都拼錯，當自己訂正過兩次、三次，最後總會記得怎麼拼才是正確的。

除了改正錯誤以外，在整理過程中如果對於內容產生什麼樣的想法，或是與過去所學的課程有關，不妨在空白處記錄下來，有時候當下或許不知道有什麼關聯，但是過一陣子複習或是再次整理的時候，說不定就能找到一些解決疑問的線索。

做筆記不僅要眼到、耳到、手到，還要一直整理到心到，才算真正完成，因為唯有自己開始深入思考，才會真的理解，活用學會的知識。所以整理筆記時，請善加運用下方延伸思考和提問的空白區域，把自己的聯想和釋疑的過程記錄下來，讓每一回的複習都留下思考的軌跡。

3 運用圖表思考法幫助整理

人的左腦著重文字、邏輯，右腦強調圖像、聯結，左右腦各司其職，如果長期只偏重左腦或右腦思考，久而久之就會習慣某一種思考方式。所以，在學習與記憶的過程中，若能透過將筆記內容圖像化的過程，便可以靈活右腦的思維，同時也強化記憶力。

運用圖表來歸納是一個很好用的整理方法。當你把文字和邏輯架構的內容輸入腦中之後，可以運用圖像和連結的形式，將吸收獲得的資訊，轉化呈現出來。

以下提供幾種圖表，大家不妨視學習的內容交互運用，刺激思考。

◆ 九宮格

九宮格思考法又稱為曼陀羅思考法，很適合用來企劃和發想，當只有一個大主題，而不知要如何找出次要的小主題時，運用九宮格來進行聯想，延展出八個向度的子題，而每個向度又可以再深入分析，可以清楚看出該主題與相關次主題之間的關係。此外，因為每格的規格一致，如果有哪一格裡的內容特別多或特別少，很快就能夠發現其中偏重的狀況。下方是以歷史科的甲午戰爭為例繪製的九宮格。

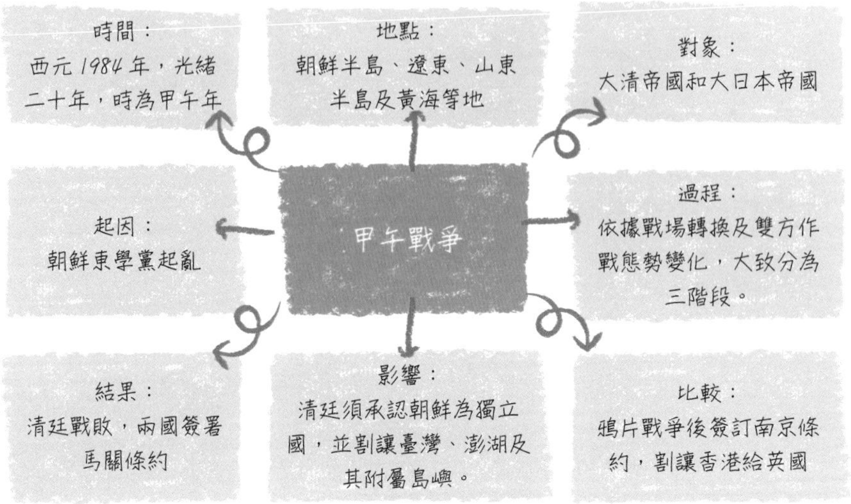

◆ 心智圖

心智圖是從一個核心議題或問題出發，透過線和圈的概念，不斷往外擴展，每一個圈都可以形成另一個核心議題，繼續延伸發展，只要圈與圈之間的內容有其相關性，就可以從相連和分支的線段中看出關係。特別適合運用來記憶的一種圖表思考法。

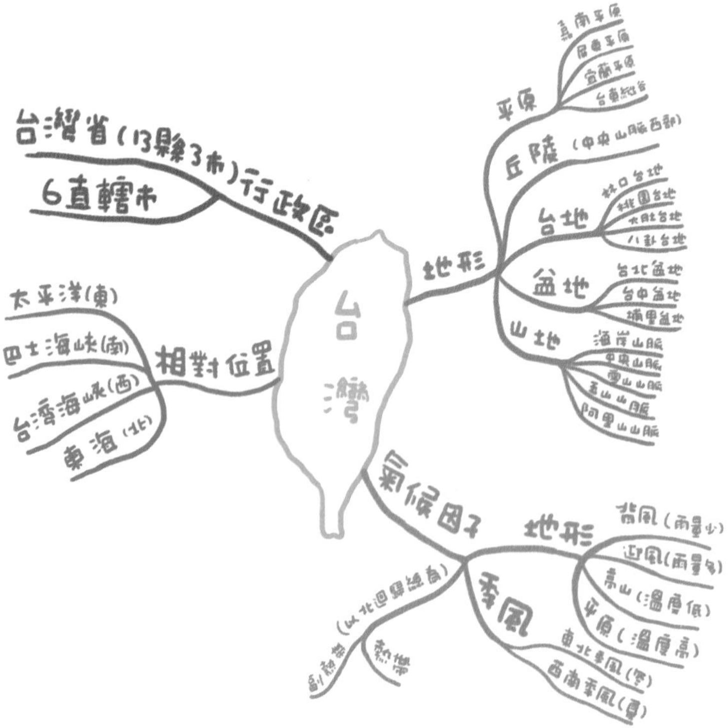

◆樹狀圖

與心智圖不同的地方在於，樹狀圖比較是由一個主題出發，形成單向性的擴展，適合運用來歸納整理。

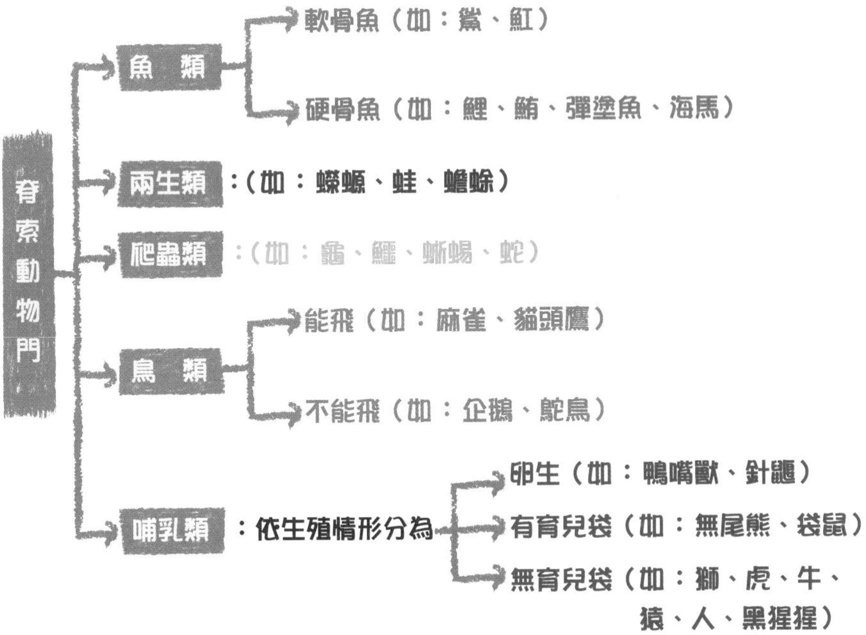

筆記需要重謄嗎？

有些人覺得上課抄寫的筆記太凌亂，所以回家還會再花時間重新謄寫，力求整理出一份漂亮的筆記。

需不需要花費時間在課後將筆記重新謄寫一遍，這個做法因人而異。但如果重謄只是為了筆記的整齊，倒不如在課堂上多花點時間和心力認真抄寫，下課和回家時只要確實將筆記裡的疏漏和錯誤確實更改和補足，會比重謄來得更有意義。

因為，重新謄寫很可能會刪減一些不太重要的東西，可是如此一來，很多上課筆記時留下的「氛圍」也會跟著消失。好用的筆記除了整齊美觀之外，還要能夠重建上課現場，幫助我們記起更多相關事物，理解上課時所獲取的知識，如果省略了那些「不好看」的元素，或許就會減少一些必要的線索，在擷取記憶的過程中少了些什麼。

例如，在老師提到某個段落時，曾經在筆記上打了一個很大的問號，代表對於某個段落產生了疑惑；或是在整理筆記的過程中，發現自己抄錯後更正，這些符號和痕跡都會在重新謄寫的筆記中消失，久而久之便會忘記這段經歷，以為自己對於內容完全沒有疑問，等於也減少了一次對這段內容加深印象的機會。

抄完筆記後一定要盡快整理，以免時間拖得太久，印象淡忘。

將整理筆記時產生的疑惑或想法記錄下來，留下思考的軌跡。

運用圖像法來加深印象，並把整理好的結果貼在筆記上，就是最好的視覺提醒。

延展練習

1

選擇文史科筆記來練習。

2

將課程單元標題視為核心主題，分別運用心智圖、九宮格、樹狀圖來繪製。

3

看哪一種方法最適合那個單元，可以幫助你快速且清楚看出重點。

痛點 5

閱讀課本或文章時，怎麼整理筆記？

看過的書沒多久就想不起來，有什麼好方法能幫助記憶？

為了搶救伯翰的成績
放學後，教練把大家
找來家裡複習功課。
哇—
哇，好大的書櫃喔！
而且好多書喔！

這裡有點心和飲料，大家等等可以吃喔！
謝謝，教練很喜歡看歷史書嗎？
教練的女兒凱倫
是啊，歷史事件對教棒球很有幫助喔！
教練有好多不同版本的《三國演義》喔！
伯翰，這本就是老師指定要看的。
國演義
這本我已經看完了！
驕傲
好看嗎？
滿不錯的啊！

那你告訴我在講什麼，這樣我就不用看這麼厚一本了。
講什麼喔……我看完就忘記了耶。
哈哈
伯翰，你這麼年輕就有失憶症了嗎？
那你說看看，前天我們晨讀的那篇散文在講什麼？
講媽媽的故事啊！
廢話，篇名就叫「我的母親」，內容呢？
這……
李伯翰你是跟我槓上了嗎？那你說看看啊。
當然是在講他媽媽很愛他們啊。
這誰不知道啊！

我問一下，
你們看書跟文章會做筆記嗎？
！
連看書都要做筆記嗎？
嚇
當然啦！
做閱讀筆記很重要，像這些都是教練做的筆記。
喔——
這裡有一本專門防止禿頭的筆記耶！
哈
哈
什麼?!教練有需要嗎？
發—光
你們在做什麼，有認真做功課嗎？

你也有看過就忘的毛病嗎？

和朋友討論起過去看過的書，但記憶卻變得很模糊？明明是上次段考的內容，怎麼過了一段時間卻全都忘光了？你是不是也和漫畫中的薇薇和伯翰一樣，儘管花很多時間閱讀和複習，但每到重要關頭卻還是經常犯了「失憶」的毛病？

現代社會每天流通的資訊越來越多，如果不善加歸類、記錄，只單憑自己的大腦來記憶，久而久之，重要的資訊就會跟不重要的資訊一起被遺忘，這時若能運用一點筆記上的技巧，可以有效幫助自己記錄資訊、強化記憶。

為什麼閱讀需要做筆記？

為什麼上課做筆記和不做筆記對於學習成效有極大影響呢？首先我們得先面對記憶力可能會隨著時間的流逝到最後流得一滴不剩的事實。經過一整天八堂課，大腦記憶區早已被一件又一件的事物塞滿，假使不讓大腦知道到底什麼事很重要一定要記住，大腦就會自作主張把不常用、不常想、不在乎的事物，漸漸忘得一乾二淨。

有了筆記，就好像在身邊留下一份地圖，萬一忘了，就可以藉由筆記的各種線索幫助回想。除了上課之外，老師也常常會鼓勵大家額外閱讀課本以外相關的書籍，這些書的內容也很重要，讀完後，不只可以更加了解某一個議題，有些內容、案例、句子記憶下來，日後不管是作文、說話、演講都能善加利用，擴充知識資料庫。

可是，那麼多書怎麼讀呢？讀書跟上課聽講有什麼不同呢？讀書的筆記怎麼做更好呢？

其實，讀一本書的過程跟上一門課很像，都是在吸收一定分量的知識內容。不同的是，書本沒有語速太快的問題，也沒有咬字不清的問題，更不會還來不及抄，老師就把板書擦掉。

所以，不管哪一段內容沒看懂，隨時可以翻回去重看，直到讀懂為止。相較於上課筆記來說，整理閱讀筆記可以不用那麼緊張，也不會太過於匆促，可以慢慢寫。

可是，整理閱讀筆記還是有所挑戰的。雖然可以慢慢寫，但是萬一要閱讀的書本和資料非常多、非常龐雜，在有限的時間內要怎麼讀才讀得完？筆記又該怎麼整理呢？

一本書的結構

拿到一本書時，不管是參考書、詩集、小說、論文，在正式開始讀之前，可以從封面、目次、作者序、版權頁這些感覺上跟書的內容沒有明顯關係的頁面中，先得到跟這本書相關的明確訊息。

比方說：

◆ **書名**：通常從一本書的名字就能看出這是一本什麼樣的書。

◆ **作者**：從作者的名字、相關簡介等，看出這位作者涉獵的領域，他是哪一方面的專家？對什麼議題有長期研究？從對作者的認識來進一步理解這是一本什麼樣的書。

◆ **出版地**：哪一個國家出版的作品，可能會有語言上的限制，市面上許多中文版的書籍，其實是經過翻譯者重新轉化過的內容。

◆ **出版年月**：有時候，某個時代完成的書，除了書的內容本身，也能夠傳達那個時代的相關線索。同樣的，我們也能夠從對那個時代的了解，反過來理解這本書。

◆ **目次**：從目次可以看出一本書的章節變化，也可以看出一本書的邏輯結構。快速瀏覽目次可以初步了解這本書想用什麼樣的方式傳達訊息，作者主要想關注哪方面的議題。

◆ **文案**：一本書的文案通常是由出版社的編輯來完成，目的在於用最精簡的方式說明這是一本什麼樣的書，這本書與其他的書有什麼不同，特色在哪裡，哪些內容是這本書的重點，值得一讀。

經過這一番預習，對這本書已經有了初步的了解，真正開始閱讀時，已經不是對這本書一無所知的讀者了。

換句話說，如果在接下來的閱讀過程中，把所讀到和理解的部分運用筆記整理出來的話，最後，這一本書的精華以及與自己最相關的部分，都會被保留在筆記裡，成為資料庫的一部分。不管是學習、寫作、口語表達，只要有需要相關線索，就可以隨時取出運用。

三步驟，終止閱讀失憶症

開始閱讀一本書，就好像接觸一門新課程，將閱讀過程中的所知所得記錄下來，除了可以深入了解這本書，透過作者所傳達的訊息交流，同時也尋找出自己的論點與定見。

關於閱讀有一些策略和方法可以參考。

1 成為一個主動的讀者

在《如何閱讀一本書》中，建議每一個讀者在閱讀的過程中，應該成為一個主動的讀者。意思就是，閱讀不只是一個字一個字往下讀，必須在過程中不斷提出問題，同時更要嘗試去回答以下這些問題。

◆ 這本書到底在談什麼？
◆ 作者在各個主題下到底說了什麼？他是怎麼說的？
◆ 書裡說的內容有道理嗎？是全部有道理？還是部分有道理？
◆ 這本書跟自己有什麼關係？

在以上這四個問題裡，不管閱讀哪一本書，在閱讀前、閱讀中和閱讀後，至少都要試著回答前兩個問題。

因為這兩個問題攸關著這本書的主題、作者發展主題的形式，以及作者在各個段落裡傳達了什麼樣的論述和想法。除了理論性質的著作，即使是藝術性和文學性的詩集、小說、圖畫書，都可以主動運用這個方式去讀。

能夠回答前兩個問題，就表示已經從閱讀的過程中，獲得心得和對於作者寫作結構的理解，不只知道這是一本什麼樣的書，還知道作者用什麼樣的方法來表述他所關注的議題。

而後，還可以進一步回答第三個問題，發展自己對這個議題的想法。

閱讀一本書事實上是讀者與作者的對話，作者在書的內容中闡述他的想法理念，而讀到這些內容之後，要進一步去判斷，了解自己是否認同作者的意見，抑或是得到什麼樣的啟發？在這個過程中，不管是跟作者站在同一邊，或是想要批判作者的意見，都是很好的思考歷程，可以學習到很多。

最後，在閱讀完畢後，如果這本書傳達了一些訊息，一定要知道這些訊息有什麼意義，而且進一步思考，為什麼作者覺得這些訊息很重要，同時反思，真的有需要去了解這些訊息嗎？

如果認同，那麼繼續往下探索；如果不以為然，那麼試圖尋找出反證，接著再從有興趣的部分繼續閱讀下去。

當一個讀者並不只是盲目的跟從作者的論點，甚至可以跟作者的論點恰好相反，經過思考才提出同意或反對的意見，或是有意義的評論。

2 SQ3R閱讀法

那麼，閱讀一本書的時候，怎麼樣才算是深入且有效的閱讀呢？我們又怎麼把閱讀的內容中自己所需要的部分擷取出來，確實為我們所用呢？

美國學者羅賓森（Robinson, F. P.）曾經提出SQ3R閱讀法，將有效的閱讀流程歸納出以下的五個步驟：

觀察→提問→閱讀→回想→複習

◆ **觀察**（**Survey**）：先迅速瀏覽文章或書的內容結構，例如標題、目錄、前文、章節介紹和摘要。特別注意第一段（章）、最後一段（章）和中間的副標題，透過這個過程熟悉這本書的編排方式。

◆ **提問**（**Question**）：問自己「這文章／這本書的重點是什麼？」、「是否有所需的資訊？」、「資訊內容是否夠新穎？」、「對於這個主題，我已經知道多少？」

◆ **閱讀（Read）**：詳細閱讀有用的部分，注意相關細節重點，並且在重點或相關資訊做上記號，最好能讀兩次，以免遺漏重點。面對大量而內容艱深又複雜的文章、文件時，可以用筆記作為輔助。

◆ **回想（Recall）**：試著回想幾遍所讀的相關內容，整理出資訊背後的關鍵意涵和核心重點，同時看看其他資訊和核心概念之間有何關聯。

◆ **複習（Review）**：藉由重讀、整理和擴充筆記，與其他人相互討論，可以達到檢視和確認的效果。同時，透過將所得資訊傳遞給別人的過程，也是一項十分有效的複習方法。這也是教學相長的重要意義。

羅賓森主張從觀察、提問開始，並且閱讀兩次，同時輔以筆記協助，再從回想與複習的過程中檢視自己的所學所得，藉此對一本書有充分的認識與了解。

透過SQ3R閱讀法，可以深入了解一本書的內容，而且標示出相關的重點，將對自己有用的內容摘錄出來，日後除非有空閒時間或有興趣，否則不太需要再次重讀那本書，也能輕易的掌握書中的相關要點。

3 SQ3R閱讀筆記

那麼，如果需要閱讀的書目很多，又或者每一本書中與相關議題相符的部分並不多的時候，在有限的時間內想要大量閱讀的話，又該怎麼辦呢？

臺大石美倫教授運用羅賓森的SQ3R閱讀法，發展出適合整理閱讀筆記的方法。這個方法可以更快速的掌握一本書的重點，特別適合針對某一個主題進行大量閱讀時，整理出與主題相關的閱讀筆記。

當我們將書裡內容經過仔細閱讀並詳細記錄筆記之後，等要思索整個議題，需要參考資料時，就不用再一一回去檢索、重讀每一本書，而是只要在筆記裡尋找線索就好了。如果有某個部分的內容需要更詳細、更精確的資訊時，也很容易就知道要回頭看哪一本書，而不用一、二十本重讀重找。

做好一份閱讀筆記，不只過往的閱讀努力不會消失，日後只要再遇到相關的議題，也無需重新找一遍資料，可以運用筆記內容作為基礎，進一步補充不足之處就可以了。

SQ3R 閱讀筆記

觀察（Survey）	先迅速瀏覽文章或書的內容結構，例如標題、目錄、前文、章節介紹和摘要。特別注意第一段（章）、最後一段（章）和中間的副標題，透過這個檢閱過程熟悉這本書的文字編排方式。
提問（Question）	問自己「這文章／這本書的重點是什麼？」、「是否有所需的資訊？」、「資訊內容是否夠新穎？」、「對於這個主題，我已經知道多少？」
閱讀（Read）	先不要急著做筆記，首先專心閱讀內容，但是在閱讀的過程中，只要是重點或是與主題相關資訊的內容，就先在書上做記號標示。這個過程最好能夠閱讀兩次，以免遺漏重點。
重讀（Recall／Recite）	回頭重讀之前做記號的地方，邊讀邊做筆記，包括主要重點、相關事證以及任何正反方的意見，都要予以記錄，同時順便記下書中提到的相關書目資料，以便需要的話可以進行延伸閱讀。
總整（Review）	每一本需要閱讀的書籍都重複以上步驟，整理筆記時需特別留意是否有錯誤或遺漏，之後重新閱讀自己的筆記，並且在筆記中寫下對內容資料的任何心得、想法或問題，如有必要的話，還可以記下如何使用這些資料。

進一步來說，不只讀一本書可以運用這個方法，事實上不管是雜誌文章、報紙剪報、網路訊息文章，也都可以利用這個方法一一整理成筆記，幫助自己充實個人資料庫。當資料越來越多，筆記內容也越來越多時，就需要妥善整理，可以為每一本筆記加上分類標籤、日期，日後查找才會方便。

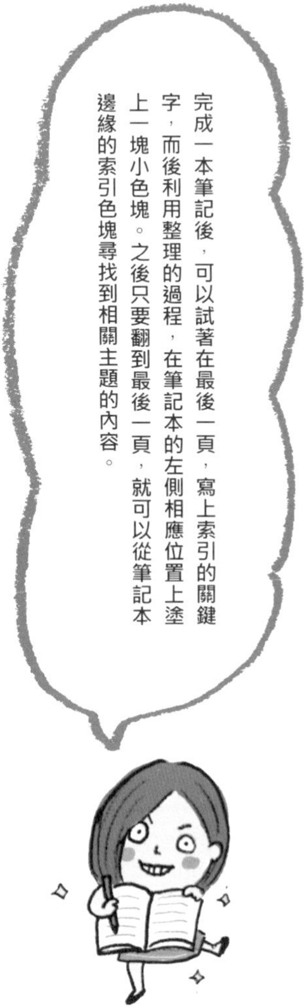
完成一本筆記後，可以試著在最後一頁，寫上索引的關鍵字，而後利用整理的過程，在筆記本的左側相應位置上塗上一塊小色塊。之後只要翻到最後一頁，就可以從筆記本邊緣的索引色塊尋找到相關主題的內容。

- 閱讀跟上課一樣，都是獲取知識的途徑，也都可以透過做筆記的過程，增強理解與記憶，同時保存對自己有用的資料。
- 成為一個主動的讀者，應該更積極的取得書中訊息，進一步判斷決定哪些內容可以為自己所用？
- SQ3R閱讀法從觀察和提問開始，之後仔細閱讀，同時在閱讀過程中把重點記錄下來。
- 大量閱讀的時候，閱讀筆記可以幫助自己化繁為簡，也可以對閱讀主題有更深入的理解。

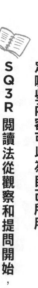

延展練習

1. 選擇一個你有興趣的主題，到圖書館利用主題作為關鍵字檢索書目。

2. 借閱五本你檢索結果中所列書目。

3. 閱讀這五本書，同時記錄閱讀筆記。

4. 把你的整理成果與朋友分享。

筆記精華

痛點 6

會議上大家七嘴八舌，該怎麼記錄？

學會做會議記錄，不僅可以解決問題，還能變得比較有行動力喔！

越光
獎
查 越光國中，
參加全國棒球聯賽
〔國中硬式組〕
勇奪季軍殊榮，
特頒此狀，以茲鼓勵。
中華民國學生棒球運動聯盟
查 李伯翰同學
參加全國棒球聯賽
〔國中硬式組〕
打擊表現優異，
特頒此狀，以茲鼓勵。
中華民國學生棒球運動聯盟
第二年參賽就得到季軍，接下來還會有外校球隊前來觀摩，真是太好了呢！
對啊！
因此，有任務要交給你！
什麼？又有任務！

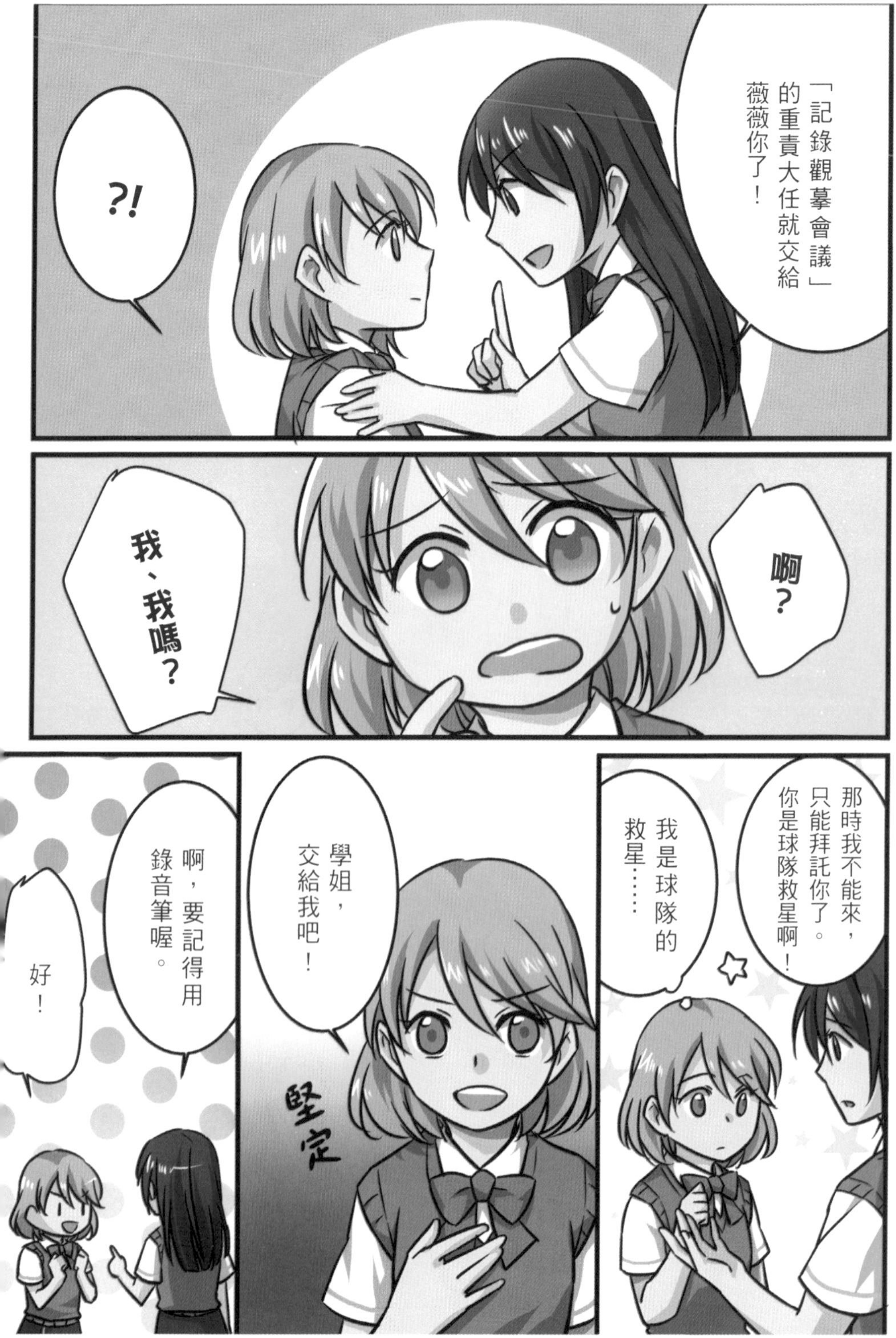

「記錄觀摹會議」的重責大任就交給薇薇你了！
?!
啊？
我、我嗎？
那時我不能來，只能拜託你了。你是球隊救星啊！
我是球隊的救星……
學姐，交給我吧！
堅定
啊，要記得用錄音筆喔。
好！

會議當天
非常高興今天有機會前來觀摩，呂總的調度以及張少棋同學的球路，都讓我們獲益良多。
我一定要好好加油，不讓學姐失望。
努力
我們也很高興有交流的機會，接下來是不是先請同學們提問？
少棋同學平常都會做哪些訓練呢？

以一些基本的訓練為主，當然也會注意投球的數量和速度。
其他的算是機密，不能透漏。
呵呵
練習前會怎麼熱身呢？
慢跑，還有一些伸展動作。
可以請呂總分享在比賽場上的調度心得嗎？
平時多了解球員的狀況，對調度很有幫助。
少棋學長，可以請你幫我簽名嗎？
他不願意的話，我可以送你我的簽名球喔。
哇
天啊，這麼多人一直說，來不及寫了啦，怎麼辦啊！神啊，救救我吧！
嗚嗚
&@%*
@#$%
*&%#

你會做會議記錄嗎？

每次班會輪到自己擔任會議記錄時都會特別緊張，尤其當大家開始七嘴八舌的進行討論，不論怎麼努力埋頭抄寫，都無法跟上發言的速度。你是不是和漫畫中的薇薇一樣，也有同樣的困擾呢？

薇薇之所以在做會議記錄時越來越慌亂，是因為她第一次做會議記錄，沒有經驗，以為一定要把會議中每個人說的每一句話都一字不漏的記錄下來，最後大家討論得越來越熱烈，抄到後來完全不知道大家說到哪裡。

其實，只要懂得掌握重點，再搭配一些做筆記時的小技巧，當記錄並不是件可怕的難事。

為什麼需要學習做會議記錄？

會議記錄跟上課筆記最大的不同就是，會議的內容雖然有主題設定，但會議上所發生的事與參加人員的發言，都是無法事先預期的。因此，會議記錄最重要的莫過於就是要快速且正確的把發生的事情記錄下來。好讓參與或沒參與的人都可以從會議記錄中得知這場會議上發生了什麼事。

可是，人說話的速度比寫字的速度快那麼多，如果不能事先知道發言的人要說什麼，怎麼來得及記呢？

這就是為什麼越來越多記錄者會準備錄音筆、錄影機等工具來彌補手抄筆記的不足。由於會議記錄並不是要寫逐字稿，只要會議過程中有錄音或錄影，現場的記錄就可以只摘記重點，例如發言順序、簡要發言主題等，等到會後再借助錄音檔把完整的發言內容整理出來即可。

而會議結束後所要提出的書面資料，目的是要讓所有與會人得知會議的結果，並不是作文。因此，記錄者只能把現場的狀況忠實呈現出來，並不能隨意加上個人觀點。

◆ **這次會議過程進展到什麼程度**？

◆ **下一次會議該從什麼議題開始**？

◆ **有哪些問題尚待解決**？

◆ **下一次會議前需要特別先做好哪些準備**？

這些都是一份好的會議記錄需要呈現的內容。最好能把這些放在會議記錄的第一頁，這樣下次會議前就可以輕鬆取得相關資訊，檢索起來也會很方便。會議記錄的形式雖然不同於上課筆記和閱讀筆記，但是記錄與整理的工夫和原則其實還是很接近的。

三階段，讓你的會議記錄完整又有效率

一份好的會議記錄應該可以發揮以下的功能：

1. 呈現會議過程的原貌。即使是沒有參與會議的人員，也可以從會議記錄中看出這場會議裡討論了什麼？達成什麼決議？即將有哪些行動？

2. 會議記錄可以突顯過會議過程中有問題的環節。例如哪個議題討論時沒有掌控好，所以延誤了討論的時間。

3. 明確呈現會議結果與決議行動。

那麼，要順利完成一份完整的會議記錄，有哪些訣竅呢？

1 第一階段：會前準備

◆ 會議記錄者需事先了解會議議題，最好能預覽相關書面資料，預做筆記，如此在會議過程中就可以更清楚掌握議程，使得記錄過程更順暢。

◆ 預先備妥記錄工具，不管是紙筆、電腦或錄音筆，都要事先準備好，不要等會議開始了才準備。

◆ 預先將分段議程寫在黑板上，讓主席跟與會人可以更精準的控制時間與安排議題討論。

◆ 重要會議最好同時錄音或錄影備份，以便記錄有所缺漏的時候可以重聽查證。

◆ 發送會議通知時，就把會議目的、預訂達成會議目標，以及待討論的議題預先發送給所有與會人知道。事先讓與會者知道自己要做什麼。

2 第二階段：會中記錄

◆ 內容力求詳實完整，可以精簡發言內容，但不可任意加入記錄者的個人觀點。

◆ 記錄過程中如有缺漏，最好能在筆記上記下時間，好方便重聽錄音檔時可以更快速找到相關位置。

◆ 會議開始前，就在會議記錄的第一頁筆記上，先畫下十字或X符號，把跟會議相關的資訊，包含時間地點、與會者、會議主題等重要資料先一一填上。

◆ 提供與會人簽到表格，會後可附件在會議記錄中。

◆ 記錄發言內容時，不是要記錄發言的順序，而是要記錄討論的流程，好讓會議記錄可以呈現出解決核心問題的過程。寫下討論重點的標題後，一旦換人發言，就一定要分段書寫，以示區隔。

◆ 在每個討論議題的標題注明時間，藉此追蹤每個議題的討論效率。

十字記錄法

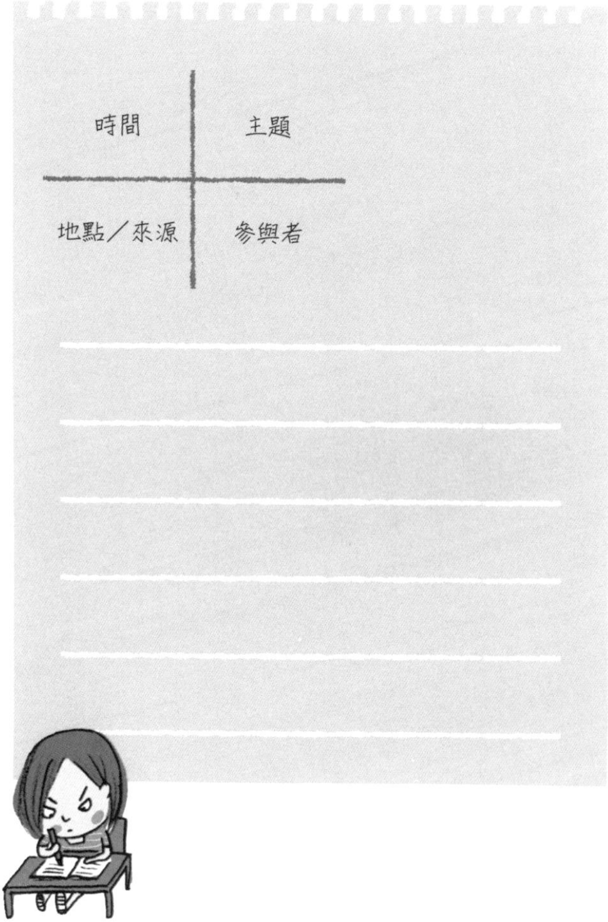

3 第三階段：會後整理

◆將會議過程的筆記整理成正式的會議記錄。

◆在會議記錄的第一頁保留空間，用來記錄會議的決議結果，留下具體的行動待辦清單。呈現會議最終的成果，提醒會後行動的推展，同時也利之後工作進度的追蹤。

◆在會議記錄首頁留下關鍵詞，便利日後歸檔檢索。

舉例來說，假如今天你負責擔任班會記錄，班會的主要議題是校慶時班上要安排什麼表演。通常上一次班會最後就會決定好下一次班會的主要議題，再來如果有新的重要事項需要討論，通常也會在開班會之前就決定好要討論哪些事。

通常會議記錄裡一定要有什麼內容？

◆**會議名稱**：要開什麼會？
◆**會議目的**：為了什麼要開會？想要達成什麼目標或結果？
◆**會議時間**：什麼時候開會？
◆**會議地點**：在哪裡開會？
◆**與會人員**：有誰來參加？參加的人有什麼任務？
◆**討論議題**：要討論什麼？
◆**內容決議過程**：討論了些什麼？
◆**會議結果**：得到什麼結論？要有什麼行動？

會議記錄有一個很重要的原則，那就是負責記錄的人必須在會後提出一份書面性的資料，讓所有與會人得知會議的結果，必須如實記錄會議內容。

以下是一份班會記錄的範例：

·班會時間：104年3月6日，上午11：00
·班會地點：七年三班
·與會人數：30人，缺席人數：0人
·主席：王大明
·司儀：李伯翰
·記錄：陳薇薇

·班會主題：七年三班第三週班會
議程記錄：
·主席報告：
·班級幹部報告：
（可以請各幹部在報告前後將報告內容重點寫成小紙條交給記錄匯整）
班長：
副班長：
學藝股長：
……
·提案討論：決定五月校慶時班上的表演活動
主席主持討論
班長：布達學校的要求，請同學提案
A同學提議合唱
贊成原因：
反對原因：

B同學提議話劇
贊成原因：
反對原因：
C同學提議……

・進行表決
・表決結果
・臨時動議
提議人：
提議內容：
討論結果：
・選舉下周班會主席司儀記錄
記錄選舉結果：
老師講評：
散會

1. 五月校慶活動，全班表決通過要表演話劇「灰姑娘」，由○○○和○○○負責改寫劇本，下周班會決定演出人選。
2. 臨時動議，由○○○提議在班上設置讀書箱，用班費購買歷史老師推薦的五本人物傳記。全班表決通過。（贊成：20 票，反對：10 票）
3. 下周班會主席為○○○，司儀○○○，記錄○○○

（在會議記錄的第一頁，寫下會議決議行動）

會議記錄並不是逐字稿，不需要將發言者說的每句話、每個字都抄下來，而是要摘錄重點，記錄決議和討論的過程。

會議記錄中包含人、事、時、地、物等必要內容，可以在會議開始之前就事先寫好，記錄工具也要事先準備妥當。

在會議結束後，將決議結果與後續行動放在會議記錄的第一頁，盡快整理好會議記錄提供給與會者確認。

延展練習

1

假裝你是班會的記錄者，將這一周的班會過程筆記下來。

2

完成一份詳實的會議記錄。

痛點
明明沒買什麼，
零用錢卻一下子就花光了……
越

你是每到月底零用錢就花光的月光族嗎？

暑假時，呂總帶著球隊參觀球場，一行人浩浩蕩蕩的出發。
這裡有零食，大家可以傳著吃喔。
哇！太棒了！謝謝學姐。
嗯？
學姐你的手機套好漂亮喔！
對吧！我還買了同款的耳機。

國際棒球場
我現在把門票發下去，大家可以先到處逛逛。
記得要在球賽開始前回來啊。
那裡有賣周邊商品。
哇！不愧是專賣店，好多東西喔！
對啊，每一樣都好想要喔！

這帽子真好看！
也太貴了吧！
買
你是想把整間店都搬回家嗎？
別的地方買不到啊！
而且今天買有打折耶！
羞
學姐，你的零用錢一定很多吼？我只買得起加油棒。
也沒有啦，就很想要嘛。
謝謝惠顧。
空空如也

有間豆花
隔天練習結束後
學姐，你今天又不吃喔！
不用，你們吃就好了。
搖頭
你在減肥喔？我看你中午也吃了很多天泡麵。
減你個頭啦！我要用僅有的零用錢活到月底啦。
誰叫你愛亂花錢。
我哪有！
氣
唉～
我明明沒買什麼，零用錢就沒了啊！
Note

你平常用錢的態度像誰呢？

棒球隊難得到職業棒球場看球賽，宇晴一到周邊商品店就不顧後果的大買特買，相較之下，伯翰、薇薇和少棋，雖然也有想買的東西，但挑選起來卻謹慎許多，只買自己買得起的加油棒，或是考量到價錢太高，一樣也沒買。想想看，平時你和朋友出去逛街、買東西的時候，和漫畫中哪一個人物的花錢習慣比較像呢？爸媽給的零用錢，最後都去了哪裡？是大部分都存下來了，只留小部分在身邊，還是經常出現入不敷出的情形？

金錢不是萬能，但很多事少了錢就萬萬不能，一個人運用金錢的價值觀，將決定是我們運用錢財，還是我們變成錢的奴才喔。

為什麼零用錢總是不知不覺就花完了？

很多人都會抱怨錢不夠用，到底錢跑哪裡去了呢？為什麼會在不知不覺中花光光呢？在進一步回答這個問題之前，請先回答以下幾個小問題：

- ☑ **你有固定的零用錢嗎**？
- ☑ **你的零用錢可以完全自由運用嗎**？**還是包含用餐等等費用**？
- ☑ **除了零用錢，你還有其他得到錢的管道嗎**？**過年紅包**？**獎學金**？
- ☑ **你有儲蓄的習慣嗎**？

☑你有記帳的習慣嗎？

一般來說，習慣一拿到零用錢就花個精光，或是經常納悶自己的錢不知道花到何處去的人，不一定是因為他們的購物欲比別人旺盛，追根究柢，他們有可能是不了解自己的財務狀況，並且缺乏預先規劃日後開銷的能力，才會過度消費，最後變得像漫畫中的宇晴一樣，還沒月底就把零用錢花光，甚至面臨連午餐錢都掏不出來的窘境。

雖然國中生可以支配的錢不多，但每當考完試想和朋友出去逛街、看場電影，或是有喜歡想買的東西時，都會需要足夠的錢來完成。這時運用筆記術來記帳、管理收支，就是一個非常簡單、好用的方式。

將每天的支出和開銷寫在筆記本或記事本中，不僅可以讓我們了解手中每一分錢的去向，知道自己在哪些地方做了不必要的支出，還可以設定儲蓄目標。漸漸的，你會發現覺得錢不夠用的情形變少了，甚至還有餘裕規劃一些以前無法完成的開銷，生活也變得更有條理。

三妙方，用筆記戰勝你的亂花錢基因

想要知道自己的錢財狀況，只有一個方法，就是記帳。把每一分錢的支出和收入記清楚，你不只會知道錢用到哪裡去，還能進一步思考怎麼花用更聰明。運用筆記術，可以讓記帳這件事變得更簡單。

1 記錄每日的收支狀況

準備一本筆記本，專門用來記帳，也可以寫在你每天都會用到的行事曆或手帳裡，運用筆記術中分區的概念，在版面上預留一塊固定的位置。例如，在週計劃格式的行事曆中，畫一條線把記事和記帳的區域分開。

運用週計劃表記錄一週收支狀況

收入
零用錢 $500
壓歲錢 $5000
姑姑紅包 $1200

支出
看電影 $320
爆米花＋可樂 $130
捷運交通費 $50
新小說 $250

本週結餘
6700−750=$5950

劃分好之後，每天把跟錢有關的訊息全都記錄上去。不管是爸媽給的零用錢，爺爺奶奶給的紅包、考試成績優異得到獎學金等等，哪一天拿到多少錢，都把它記下來。

同時，每一分花出去的錢，也都要詳細記錄。搭公車、買文具、喝飲料、愛心捐款……不管花錢的目的是什麼，仔細記錄下花費內容和支出金額。最後將收入與支出相減，得出來的數字就是剩下的餘額，也就是還剩下多少錢。

這個簡單的動作，有助於我們掌握錢財流動的狀況，每天都可以清楚知道有哪些錢流向自己，又有哪些錢從手中流出去。如果每日記帳，只要一翻開筆記本，就可以知道到底把錢花到哪裡去了。

通常收入時會是一筆較大的數字，可是花費很零碎，常常這裡花一點、那裡花一點，對沒有理財觀念和沒有記帳習慣的人來說，到最後記錄的數字和手中的錢變成兩回事。所以，最好的方法就是在花費產生的當下就記帳，每日核對，最晚絕對不要拖過一天，以免左思右想也想不到錢花到哪裡去了，讓自己覺得記帳好麻煩，而不想要持續下去。

2 用儲蓄達成目標

如果每個禮拜都可以拿到零用錢，心裡又有想買卻還買不起的東西時，有一個好方法，那就是強迫自己儲蓄，養成先存再花的觀念。想想看，想買的東西價格多少？現在的零用錢又有多少？用倒推的方式計算需要花多少時間才能累積到足夠的金額。之後，每一次拿到零用錢，都先把要存的金額先預留起來，有剩下的錢才可以去買別的東西。

在筆記裡寫下儲蓄計劃，記錄每日收支的時候隨時可以瞄上一眼，這對謹慎開銷很有幫助，因為前方有更想要的東西在等著你，不能輕易把錢花掉。如果你努力的執行了自己的計劃，不妨在達成目標的每一天，在筆記上畫記一顆星星，鼓勵一下那個努力的自己。

一般來說，定額定存的儲蓄方法比較有效率，因為在一拿到錢的同時就先把目標所需的分量保留起來，有多餘的才可以做其他的花費。如此一來，只要設定時間一到，就可以確保有足夠的金額被儲蓄起來。至於零存整付則是有多少存多少，較難掌握達成目標的時間，可是餘多存多，餘少存少，日

達成目標的儲蓄方法

方法一：定額定存

三月初計劃儲蓄，目標金額 3000 元

每週零用錢 200 元

儲蓄計劃：

每週存 150 元　　要 20 週才能達成目標。

每週存 100 元　　要 30 週才能達成目標。

方法二：零存整付

三月初計劃儲蓄，目標金額 3000 元

每週零用錢 200

儲蓄計劃：

有多少存多少，累積到一定的金額就在筆記上註記，一方面提醒自己不可鬆懈，目標尚未達成，另一方面也要鼓勵自己已經完成了多少百分比，再多堅持一下就能達成目標。

第一週 100，達成率 3.3%

第二週 200，合計 300，達成率 10%

第三週 1000*，合計 1300，達成率 43.3%

……

第十四週，合計 3000，達成率 100%

* 段考數學考了滿分，爸媽給了 1000 元。

積月累也能夠慢慢存到所需金額。

儲蓄是一個好習慣，也是鍛練自己意志力的方法，當有夢想要完成，學習收斂自己的欲望，努力達成目標，這樣當你終於買到自己日思夜想的物品時，也會更加懂得珍惜，因為那是你努力換取來的代價。

3 用筆記檢視自己的生活

其實，錢本來就是要拿來花用的，運用得好，可以用錢買到很多東西；但是運用得不好，就可能在遇到真正想擁有的東西時，沒有錢可以買。理財的目的就是要未雨綢繆，避免這樣的情況發生，讓自己的每一分花費，都有價值，都有意義。

最少每個禮拜要整理一次收支記錄，可以的話最好每天都整理，將支出的項目一一分類，例如依食衣住行育樂等用途，用不同顏色來畫記。畫出圓餅圖的話，支出狀況更能一目了然。

比方說，買好朋友的生日禮物、大吃大喝了一頓，或是迷糊掉了錢

宇晴的一週支出圓餅圖：

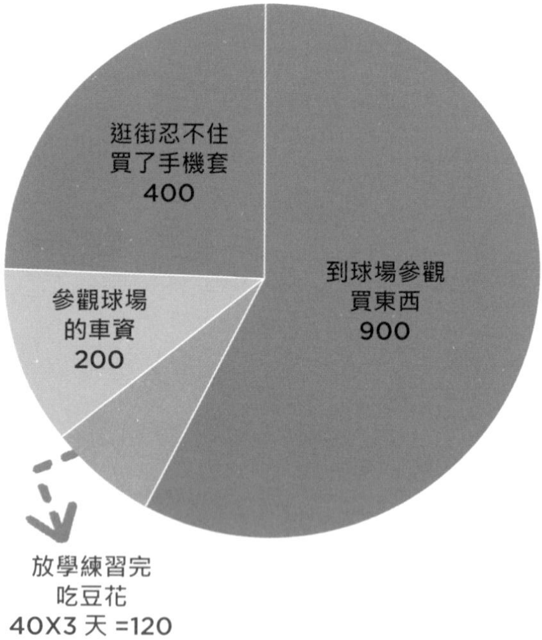

餐費	120
娛樂費	400+900=1300
交通費	200
總支出	1620

包……原本一張張不知道花到哪裡去的鈔票，現在全部在筆記本上清楚的告訴你，它們曾經在你身邊待了多少時間，又為什麼離開你。

去檢視每一項支出的目的與必要性，就能了解自己花錢的習慣，也許為了健康和存錢，可以考慮改掉每天放學回家喝一杯珍珠奶茶的習慣。雖然，現在抄筆記的那支「愛用筆」比別的品牌貴了十元，但是拿來抄筆記實在太好用了，所以這十元花得很值得。

藉由這個方式一一的檢視花費狀況，進而更加了解自己，修正不好的行為，將好的行為保持下去。

如何選擇記帳工具?

既然記帳有那麼多好處，什麼樣的記帳工具才能幫助你不管想存錢或是控制開銷都能持續養成記帳的習慣呢？

每個人的理財需求與目的不同，當然也要選擇適合自己的工具來輔助記帳，那麼，在選擇記帳工具時，該把握哪些要點呢？其實只要把握三大方向就好。

1 要能隨手記

一天裡面有很多花錢的機會，如果全部留到晚上再來回想，可能很容易「失憶」，想不起來。所以最好能夠隨手就記下來或是保留發票，這樣就不會缺漏了。

2 最好天天記

每天睡前預作明日行程準備的時候，順便回顧一下當日的開銷或是盤點儲蓄的進度，對於金錢的流動狀況就能心裡有數了。

3 方便整理

其實每天的記帳，如果不能加以整理，就是一些散落在筆記裡的數字而已，非常可惜。設定一段時間後，利用表格或圖表來看出數字變化的趨勢，才能知道這些數字向我們傳達了什麼樣的訊息。

基於以上三點考量，就可以因應需求來選擇工具持續記錄了。

◆ **紙本記錄**：記帳的格式很多元，不管記帳的目的是什麼，「寫下來」就是最簡單的步驟。像爸爸媽媽為了管理家用支出，會寫家計簿；有人會準備一本小小的收支簿隨身攜帶，也有人會在每天的行事曆中記錄當日開銷。運用紙本筆記，既可一目了然，又容易歸檔、追蹤、查找。市面上也有各種格式設計的筆記本，可以依個人所需來選用。

◆ **數位工具**：現在很多人隨身帶著手機，家裡也有個人電腦等設備；隨著科技日新月異，很多記帳軟體、App，有即時記錄功能，還可以一鍵產生圖表，甚至加入遊戲設計，除了達到記帳和理財的目的，也讓記錄這件事變得更有趣了。像「記帳城市」、「哈啦Money 記帳」、「CWMoney 理財筆記」、「理財幫手 AndroMoney」、「Ahorro 記帳」等等，都是很受歡迎的數位記帳工具，可以依據自己的喜好和習慣來挑選。

- 想了解自己運用錢財的狀況，最好的方法就是記帳。
- 每日固定記錄收入與支出的明細，幫助自己清楚看出開銷狀況，明白每一分錢的去向。
- 如果有想買的東西，可以透過儲蓄來幫助自己達成目標。
- 透過回顧過往的收支記錄，可以清楚看出消費習慣與狀況，知道要如何強化好的行為、改善不良行為。

延展練習

1 從今天開始，在睡前確實記錄今日收支明細。

2 一週後，整理每天的支出項目分類，繪製出圓餅圖。

3 確實檢視每一項花費，選出其中一樣最不必要的開銷，在下一週先暫停這個項目的花費。

4 記錄改變的狀況與結果。

痛點 8

我想要減肥、運動，卻老是失敗……

看到同學勻稱的身材真讓人羨慕，為什麼努力節食也瘦不下來呢？

暑假過後
新的學期開始，我們也要有新的挑戰。
不僅球場上要超越自己，功課也要更進步。
盯
嗯？
看來大家暑假的伙食都辦得不錯喔。

李伯翰，你暑假是不是吃了很多零食？
嗯？
沒有啊。
我有三天去烤肉，和家人去吃了幾次吃到飽。
然後有時我妹會給我吃她的洋芋片、可樂。
我記得教練說不可以放縱，所以真的沒吃什麼。
啊！

這樣還叫沒有吃什麼啊？
真的啊！我去吃吃到飽的時候，我一整天就只吃那一餐耶！
教練，真的啦。
有時候沒吃什麼都會胖，我也很想減肥，但很快就失敗了。
薇薇，你控制飲食的時候都吃些什麼？

嗯……早上就不吃啊，中午吃媽媽準備的便當，晚上比較容易餓，去補習班之前我會吃一塊雞排當晚餐。
看來這學期除了原本的訓練外，還要好好教你們如何做好健康管理了。
唉
來，隊呼！
越光越光一級棒！
加油！

夢想和目標距離你很遙遠嗎？

每個人心裡多少都有想要成功的夢想，諸如想要減肥、想學才藝，或是想要買價格較為昂貴的東西。這些看起來遙不可及，短時間無法完成的願望，其實只要擁有持之以恆的決心，再加上好用的記錄工具，總有一天一定可以達成！

不論路途多長，只要願意啟程出發，持續前進，任何目的地都能到達。

很多時候，你的夢想之所以失敗、願望之所以破滅，其中一個原因是你的意志力和決心不夠，稍有挫折，在還看不到目標成功的終點就提前放棄了。而另一個原因，很可能是因為你沒有方法。

很多人是運用筆記術來達成目標、實現夢想的喔！你願意試試看嗎？

為什麼筆記術能幫助你達成目標？

詹姆斯．克利爾（James Clear）在《原子習慣》一書中提到，只要每天保持1％的改變，而且持續努力下去，最後就會因為「複利效應」而達成相當驚人的巨大成果。如果每天維持1％的退步，很快的改變效果就會趨近於零了。

那麼設定目標有沒有用呢？是有用的，但不是絕對有用，因為贏家和輸家想要達成的目標都是一樣的。想要實現夢想，唯有行動。然而如果不知道如何行動，或是行動本身就很困難，做不到或覺得很累人，就容易放棄。

詹姆斯．克利爾認為，透過「提示↓渴望↓回應↓獎賞」的習慣迴路系統，可以讓我們運用無數細小習慣的改變行動，最後達成原本遙不可及的夢想。運用這個概念，進一步來看看，筆記術可以在習慣養成帶來改變的過程中，幫上什麼忙。

1 提示：看見好習慣，隱藏壞習慣

先把目標寫進筆記本裡，持續為你的習慣計分來幫助我們覺察日常行為的發生次數，然後能夠建立能增強好習慣、減少壞習慣的行為。透過執行意象來設定個人的行為模式：「當時間（或地點）出現，我就做（行為）」，比方說，把瑜珈墊放在衣櫃旁邊，準備拿衣服去洗澡之前先做十分鐘運動；又比方說，在快到手搖飲店家之前那個巷口就先右轉走另一條路回家。諸如此類的提示，可以幫助我們不必依靠強烈的意志力就行動。

2 渴望：讓習慣變得有吸引力

當你持續記錄，你的筆記就會為你把你的努力具象化。如果你想存錢買遊戲片，雖然很想吃冰淇淋，但是看見筆記裡自己存的錢越來越接近目標金額，想像自己很快就能買到、立刻開始玩，那種愉悅的心情能夠更輕易的讓你把錢省下來了。若是你覺得每天運動很累，在你運動之前，先打開你喜歡的音樂享受一下，等心情放鬆了再開始運動，讓你的運動記錄表不留空白。

3 回應：讓好習慣更容易，壞習慣更困難

創造更輕而易舉的環境來誘發好習慣，或在壞習慣前刻意設下阻礙。譬如想要建立每天寫日記的習慣，也許準備一本喜歡的筆記本和一支好寫的筆是個不錯的開始。又或者你想戒除還沒寫完功課就看漫畫的習慣，那麼先把每天固定要寫功課的時間標註在行事曆筆記裡，功課做完之前，先把漫畫書鎖在抽屜裡或先交給爸媽保管，等功課做完了再看，藉此誘發「提早做完提早看」的習慣。

4 獎賞：讓滿足感將好習慣疊加下去

每天翻看你的筆記，一旦你的習慣追蹤表都塗滿了顏色或是記錄達標，你就可以給自己那個答應過自己的獎賞了。像是持續運動兩週，就可以吃一塊美味的蛋糕，或是體重成功減下五公斤，就可以去買那件超好看的牛仔褲。當你持續為自己一再成功達標感到滿足，你會越來越樂於挑戰的。

四步驟，讓你的夢想成真！

遠大的夢想和目標當然很令人嚮往，但是要怎麼樣才能達成呢？或許你可以從把一個大目標分割成幾個次要目標或更多更小的目標來進行。

選擇你做得到、甚至有點輕鬆就可以達成目標，或許你會更願意持之以恆，也能更快速的往前邁進。譬如設定「想要一個健康的身體」的目標很大，定義也很模糊，需要往下設定更精準的次目標。你可以決定看是要從均衡飲食開始，或是從養成運動習慣開始。

當然，這些次要目標聽起來還是很籠統。所以你要再更往下細分，比方說每天都快走二十分鐘，或是吃飯的時候不管吃什麼，一定要五大營養素都吃到，這些具體而微小的目標，就可以是你努力的起點。

不必把自己逼得太緊，要求自己做不到的行動只會憑添挫折，無助於你的決心。以下是運用筆記術來幫助你達成目標的幾個小技巧，有了親手記錄的筆記時時刻刻支持著你，相信你在追尋目標的過程中也能獲得更多成就感。

1 每天養成記錄的習慣

把最在意的項目記錄下來，設定你的終極目標。假如希望增重或減重，就要每天量體重，記錄吃進肚子裡的東西。從體重的變化來看出自己的飲食偏好之間的關係。如果發現哪些食物或營養素攝取過少，也可以隨時適當的調整。

也可以把一些過程中的心情記錄下來，透過回顧筆記裡的記錄內容，了解自己的行為和想法，保持健康的意識、建立良好的觀念，身體狀況也會越來越好。

陳薇薇的一週飲食及運動記錄表

日期＆體重	飲食	運動
3/2　52kg	早餐：三明治＋紅茶 午餐：排骨便當 晚餐：補習前吃了塊雞排	補習完快走回家15分鐘
3/3　52.5kg	早餐：超商飯糰＋豆漿 午餐：紅燒牛肉麵 晚餐：咖哩飯	公園慢跑30分鐘
3/4　51.5kg	早餐：上學遲到沒吃 午餐：肉羹麵 晚餐：速食店的套餐	一邊看電視，一邊做有氧體操20分鐘
3/5　52kg	早餐：蛋餅＋豆漿 午餐：排骨便當 晚餐：吃到飽餐廳聚餐	偷懶休息一天
3/6　53kg	早餐：三明治＋紅茶 午餐：魯肉飯＋燙青菜 晚餐：水餃10顆＋蛋花湯	公園慢跑30分鐘

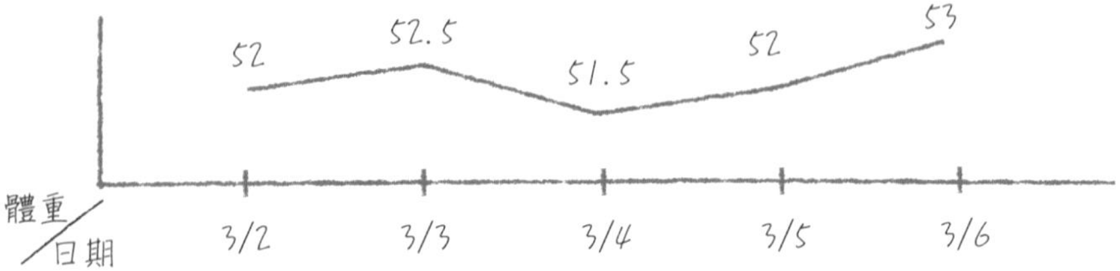

你的一週飲食及運動記錄表

日期&體重	飲食	運動

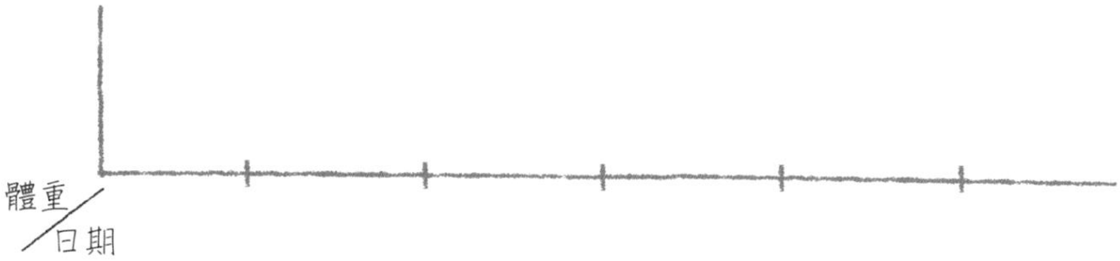

2 記錄數據要一目了然

記錄數據有助於將行為或現象量化，幫助我們更容易覺得自己的身體變化。如果想要了解自己的體重變化與行為之間的關係，可以運用193頁的「一週飲食及運動記錄表」將每天體重和飲食、運動情況都明確記錄，一週下來就可以輕易的看出身體變化是否受到外在因素影響。

3 在筆記上寫下鼓勵自己的話

凡事想要持之以恆，往往需要一些動力。你可以邀請朋友一起來相互打氣，也可以在筆記裡寫下建議或加油的話，讓自己成為支持自己的最大力量。有些時候，明明努力了卻沒有顯著的進步，或是掉進撞牆期，感覺距離成功越來越遙遠。不要灰心，更不要自我否定。由自己先來鼓勵自己，至少寫下、讀到那些話的當下，內心會感到溫暖的。

4 設設定階段目標，達成後立即給予小獎勵

在筆記裡畫上小方框，有做到就打勾，沒做到就打叉；也可以畫記得分表，不管多做、少做都記錄下來，只要預設目標能達標，就立刻回饋自己先前想好的獎勵。就像便利商店的集點活動，點數足夠就能換取獎品，你也可以運用這個方法來激勵自己。

利用筆記整理術建置自我管理系統

在你還不認識筆記術前，你可能覺得作筆記就是抄寫課堂板書，或是開會時整理會議記錄，但其實筆記的功用不僅僅如此而已，只要運用得當，筆記可以為你管理生活中的所有一切事物，而你也可以將自己的親手記錄，分門別類的建置成自己專屬的龐大資料庫，讓你可以隨時回顧、取而用之。

以下介紹幾種筆記術，都是可以助你圓夢、妙用無窮的好工具。

1 行事曆筆記

行事曆是很多人都會運用的一種筆記術，除了可以幫助你管理行程和時間管理之外，也可以容納你生活中的各種細節，因為有時間作為定位標記，不管翻閱或檢索都非常容易，適合用來規劃和追蹤確認。

◆年計劃

通常在年計劃表裡會顯示出一年當中每個月的節日，也可以標示出重要的日子，比如期中考、期末考，比如家人和好朋友的生日、借書到期日等。也有女生拿來記錄每個月月經來的時間，觀察生理狀況是否規律。

如果你有跨月分的長期計劃，也可以利用線條和箭頭在年計劃上畫出執行進度，會比記錄在月計劃或週計劃裡更容易掌握進度。能夠攤開在一個平面裡的話，就很容易可以看清一整年的狀況。

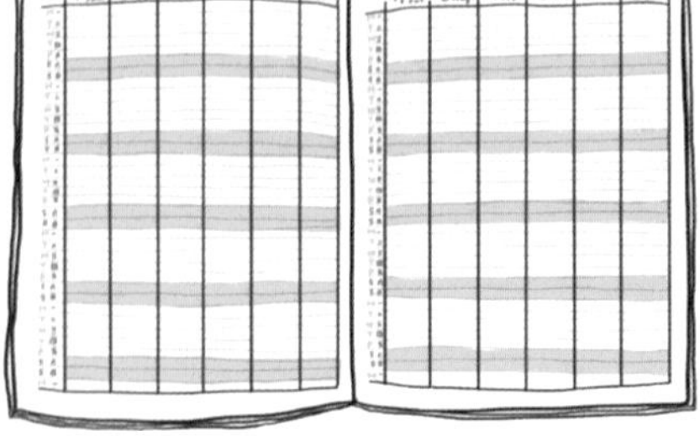

◆月計劃

月計劃通常也會規劃成能一眼盡覽當月狀況的格式。記錄的時候，可運用不同顏色的筆來區分不同性質的行程規劃，最好也能標記這個月的工作和學習重點，這樣每個月的目標便一覽無遺了。

把預訂要達成的目標和特殊行程記錄在月計劃裡，可以清楚看出每個月主要生活重心的時間運用狀況。如果有哪些當月計劃未能如期達成，也能看出是哪些事情導致計劃延遲。

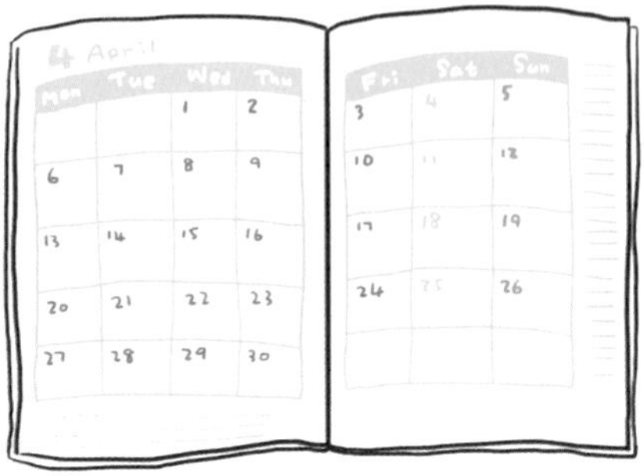

◆週計劃

跟月計劃相比，週計劃需要比較大的書寫空間，主要拿來當週記事或規劃一週的生活流程。

把每一週想學習和待辦事項記錄下來，利用檢核方塊畫記的方式，每天檢閱當日狀況一一登錄，一眼就能看見待完成的事項達成多少、未達成多少。將週計劃的欄位畫線分區，不管是記帳或記事都清楚分明，不會混淆。

有些週計劃的設計格式是將下一頁保留空白，或是安排一頁橫線筆記的空間，任何與當週有關的記錄都可以隨時補充進去。若是這一週剛好有出遊計劃，還可以貼上旅行票根或是加上美食繪圖、電影或好書心得等，讓自己的生活記錄更加多采多姿。

◆日計劃

日計劃通常可分為一日一頁或兩日一頁，由於書寫空間更多，可以當成每天日記來運用。也可以在日計劃裡加上時間表，將每一天的行程和活動簡要記錄下來，不只可以有效時間管理，也能讓自己對於一整天的感受更為豐富。

今天聽到了什麼名言佳句、生活小故事，或是有什麼特殊見聞、心情體會，一邊記錄，一邊磨練自己的描述力和寫作力，一整年下來，所累積的收穫將相當可觀。

◆時間軸

時間軸大概有兩種筆記應用方式，一是結合日計劃，在一天的範圍內，以小時或是每半個小時為單位，列出時間表。這種方式對於安排每日課業複習或是針對某個習慣刻意練習的時間規劃，特別有效率。搭配番茄鐘等時間管理技巧，對於需要專注的行動很有助益。

另一種則是以一個專案為範圍，把專案中的每個工作步驟、時間進程仔細標記，時間到了，及時檢核和評估，以確認專案工作順利進行。針對多人共同合作的專案，特別能夠精準掌控進度。

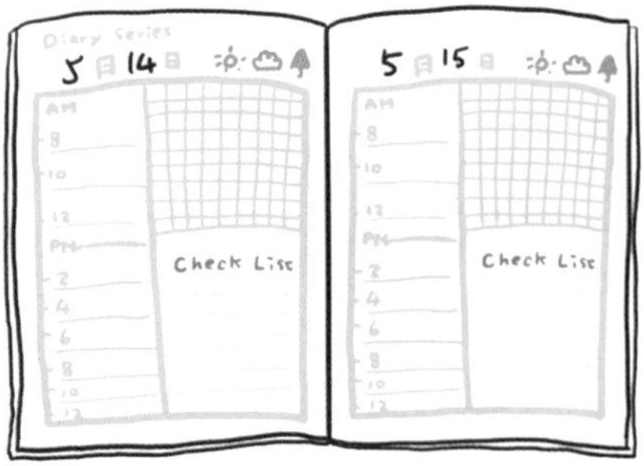

2 子彈筆記

由瑞德．卡洛（Ryder Carroll）開發的子彈筆記術，近年來很多人運用。特色就在於能夠確立行動內容、系統化的整理想法，以及能夠分辨多種任務的輕重緩急，予以排序、追蹤，刪減，有效提升生產力。

子彈筆記術與行事曆筆記緊密相扣，但兩者間最大的不同在於子彈筆記的自由度更大、個人化的程度也更高，不受筆記本裝訂等格式限制。由於是自己寫、自己畫、自己安排，所以可以完全只為個人服務，包容所有想法，展現個人創意。

子彈筆記的運用方式

To do list

運用「待辦、已完成、已推遲、已放棄」等幾種標記，直接由待辦清單中看出專案任務的進展狀況。畫記的符號可以自由決定，只要對你來說容易辨識也容易記住就好。

頁碼和索引	為了方便搜尋資料和查找重要事項，在筆記本的每一頁都必須標上頁碼，並於第一頁建立索引頁，這樣不管你想要找什麼樣的資料，只要查找索引頁就可以快速翻到相應記錄的頁面。
健康管理	把每天的身體狀況記錄標記在月計劃或週計劃裡，也可以設定一個健康管理的頁面，把你的記錄和搜集到的相關資料都匯整在一起。
習慣追蹤	每個月都設定一個習慣追蹤的頁面，寫下你想要養成的習慣和練習目標，在習慣或目標下方畫一個小月曆，每天只要完成進度就把當日小格塗上顏色，每個月的執行狀況看得一清二楚。
旅遊記錄	設定一個旅遊記錄的頁面，把出門旅遊的各種玩賞和體驗寫下來，不論是票根、照片都可以剪貼進去，隨時能回味美好的旅途記憶。
閱讀或影視心得	不管是好書或好電影，當天看完就把精采名句或重要概念等等摘記在子彈筆記裡，日後只要配合索引頁查找就可以輕鬆建立個人的心得資料庫。
記帳理財	如果你的帳目很簡單又不喜歡分成好幾種筆記本記錄，使用子彈筆記來記帳，是個不錯的選擇。
感恩日記	每天花幾分鐘，在筆記本裡寫下三件令你感恩的事，長久記錄，你將因為感受到每一日的充實而變得情緒安定。

3 電子手帳

如果你覺得自己寫字很醜、畫圖不好看，也可以試試目前很流行的電子手帳，利用電腦軟體或App，來建立行事曆筆記或子彈筆記。有些電子手帳的功能和範本都很齊全，也可以依個人喜好自由調整，不管是課堂筆記、照片日誌或是行事曆規劃，都可以整理得整齊漂亮，還可以插入圖片或可愛貼圖，讓筆記內容更加美化。

方便好用的數位工具

隨著現代人使用3C設備的習慣增加，已經很多人都把筆記整理術的概念應用到數位軟體上，使用起來更加便利，成效也和手寫筆記差不多，甚至更好用。以下分成幾種類型介紹：

◆**記錄捕手**：不管是上課或會議記錄，在允許錄音的情況下，可以善用錄音筆或手機的錄音功能，現在包含google錄音機等App，甚至可以直接將音訊轉化成文字，雖然辨識效度不一，但是對於在整理筆記或記錄內容時，有助於回復記憶，整理記來更有效率。

◆**筆記整理**：除了可以透過電腦文書處理或是筆記本App把手寫筆記匯整和歸納記錄之外，像是心智圖或流程圖等等，也都有相應軟體或功能，幫助你畫出漂亮的圖表。（goodnote、Xmind等，都是很好用也很多人使用的App。）也有些筆記本App能把掃描成PDF的筆記、講義等直接匯入，可以直接在電腦或平板上用螢光筆畫記重點，整理起來更方便。

◆**記帳工具**：一般人最常使用的功能就是收入、支出或是建立預算，手機上有很多記帳App可以選擇，有的功能強大，有的則只有簡單的基本功能，可看個人需求選用。重點原則就是方便、快速，最好隨手就完成記錄。

◆**時間管理**：google行事曆、jorte等數位行事曆類型的App，最大的好處就是可以在不同的設備和平台上共用或共享行事曆，只需要在其中一個地方記錄，所有設備都會同步更新，對於掌握行程和進度都很方便。

◆ **生活小幫手**：很多手機都會內建便利貼或 to-do-list 功能，可以把待辦清單或隨手記事放在手機頁一面上，很輕易就能看到，也有提示的效果。如果結合響鈴等功能，更能達到及時提醒的目的。

◆ **資料庫的建立**：舉凡 Clear- 筆記共享、Microsoft OneNote、Evernote、notion 等都是功能很強大的資料庫整理 App，具備相當多的功能，也能匯整運用不同格式的檔案或連結，對於系統化的整理非常實用。

◆ **免費使用的數位工具**：前述數位工具有的是免費的功能，有些是需要付費的版本或是功能限用等等，建議在下載或使用之前先行了解。如果不想花錢，可以善用 google 的行事曆、keep、文件或試算表等與筆記相關的App，透過雲端檔案連動搭配各種基本的功能，也能夠達成各種筆記整理術的目標。有時候，光是善用手機最基本的拍照功能，也可以把很多的資料內容數位化。

隨著科技快速發展，各種數位工具也推陳出新，有些功能越用越順手，有些工具會被整合替代；不需要追逐潮流去選用最新最酷的工具，因為真正對你有幫助的，是你知道你為什麼要做這份筆記，以及你對數位工具的熟悉能如何幫助你優化筆記。總之，能為你所用，是選擇工具的唯一準則。

規律且如實的記錄，是觀察個人身心狀況的最好方法。

利用筆記術達成各種目標，每日確實記錄，並且時常鼓勵自己。

把大目標分成多個小目標，每天堅持行動，一旦目標完成就給自己約定好的獎勵，持之以恆，夢想一定能夠達成。

延展練習

1. 準備一本行事曆筆記本。

2. 在年計劃之前，寫下自己這一年最想達成的目標，並將年度目標區分為每個月、每一週可達成的小目標，預先寫在行事曆上。

3. 每日確實檢視目標執行狀況，確實記錄。

4. 於年末檢視圓夢狀況與目標達成度，並於行事曆最後一頁簡要寫下心得。

第3章

情境習作

1

閱讀筆記：

不管閱讀哪一種類型的書籍，都可以用以下的幾個方式做成屬於自己的閱讀筆記。

1. 書的身分證：

◆利用左頁的表格記錄一本書的基本資料。

2. 認識這本書：

◆寫下這本書的內容大意。

◆寫下這本書的大綱或目錄（手寫或剪貼皆可）。

書的身分證

書名：

作者：

譯者：

繪者：

出版者：

出版年月：

ISBN：

3. 與這本書建立關係：

◆ 佳句摘記（寫出這本書中你最喜歡的句子或段落）

◆ 讀後心得（寫出閱讀後的聯想和啟示）

◆ 我的觀點（簡要寫出你對於這本書內容的想法）

◆ 討論議題（閱讀過後，如果有想繼續探究的議題或其他相關閱讀書目，請記錄在筆記的下方）

2 十分鐘自由書寫

◆ 如果你對於某個問題或狀況一時之間不知如何著手，請靜下心來，拿出筆記本，設定鬧鐘十分鐘，而後盡情書寫下你對於這個問題或狀況的所有想法。

◆ 書寫內容有限，就連「我真的不知道該從何寫起」這樣的內容也可以，盡可能的把腦海裡浮現的字句和畫面描寫下來。書寫和記錄時不要思考，不要改錯字，不要管字寫得漂不漂亮，只要寫就對了。

◆十分鐘時間一到，立即停筆。

◆拿出一支不同顏色的筆，檢視你所書寫的內容。把與你問題相關的句子畫出來，再把與問題解決方法相關的字詞圈起來，如果書寫的內容中有結論也盡量標示出來。

◆依據你書寫內容中的重點想法、字詞，搭配心智圖或九宮格聯想法，將答案往下延伸，繼續深入探究思考。

◆如果過程中再次遭遇瓶頸或困難，可以再次進行十分鐘自由書寫，一步步釐清自己的思緒，尋找方向。

3 筆記歸檔

◆檢視你的舊筆記，把重要且需要的內容做上分類標籤，方便檢索。

◆如果筆記本規格一致，可以整齊收納在一起，加上標號和頁碼，利用電腦整理出索引表格，就完成了個人的小型資料庫了。

◆針對特定議題收集的資料或剪報，可以運用下一頁的資料卡片來整理。

資料卡片

主分類	題目（出處）
次分類	
資料類型	
（頁數）摘記內容	

筆記歸檔

	筆記本編號
	分類
	所在頁數
	筆記本年份
	備註

13 歲就開始⑥

給中學生的
筆記整理術

一輩子都需要的資料統整力，現在開始學習！

作　　者｜游嘉惠
協力指導｜石美倫 & 臺大教學發展中心
漫　　畫｜梓琿
插　　畫｜水腦

責任編輯｜張玉蓉
特約編輯｜游嘉惠
封面設計｜陳宛昀
行銷企劃｜王予農、林思妤

天下雜誌群創辦人｜殷允芃
董事長兼執行長｜何琦瑜
媒體暨產品事業群
總 經 理｜游玉雪　副總經理｜林彥傑
總 編 輯｜林欣靜　行銷總監｜林育菁
主　　編｜楊琇珊　版權主任｜何晨瑋、黃微真

出版者｜親子天下股份有限公司
地址｜台北市 104 建國北路一段 96 號 4 樓
電話｜（02）2509-2800　傳真｜（02）2509-2462
網址｜ www.parenting.com.tw
讀者服務專線｜（02）2662-0332　週一～週五：09:00~17:30
讀者服務傳真｜（02）2662-6048
客服信箱｜ parenting@cw.com.tw

法律顧問｜台英國際商務法律事務所．羅明通律師
製版印刷｜中原造像股份有限公司
總經銷｜大和圖書有限公司　電話：（02）8990-2588

出版日期｜ 2015 年 5 月第一版第一次印行
2022 年 8 月第二版第一次印行
2024 年 3 月第二版第六次印行
定　　價｜ 380 元
書　　號｜ BKKKC211P
I S B N ｜ 978-626-305-253-6（平裝）

訂購服務
親子天下 Shopping ｜ shopping.parenting.com.tw
海外．大量訂購｜ parenting@cw.com.tw
書香花園｜台北市建國北路二段 6 巷 11 號　電話（02）2506-1635
劃撥帳號｜ 50331356 親子天下股份有限公司

立即購買 >

國家圖書館出版品預行編目(CIP)資料

給中學生的筆記整理術：一輩子都需要的資料統整力，現在開始學習！/ 游嘉惠文；梓琿漫畫．-- 第二版．
-- 臺北市：親子天下股份有限公司, 2022.08
216 面；14.8x21 公分．--（13 歲就開始；6）
ISBN 978-626-305-253-6（平裝）
1.CST: 中學生 2.CST: 筆記法 3.CST: 檔案整理

524.7　　111008189